# HISTOIRES SECRÈTES DE LA PSYCHANALYSE

Gérard Badou

# HISTOIRES SECRÈTES DE LA PSYCHANALYSE

Albin Michel

22, rue Huyghens, 75014 Paris

ISBN 2-226-09517-9

## PROLOGUE

# *Cachotteries d'archives*

Au premier étage de Maresfield Gardens, dans la résidence londonienne des Freud, une énorme armoire en bois sombre. À l'intérieur, plus de mille lettres inédites, rescapées de l'exil forcé du fondateur de la psychanalyse. Planté devant ce trésor, Jeffrey Moussaieff Masson en évalue le prix. D'après la cote atteinte par les documents autographes de Freud, il y en a là pour plus d'un million de dollars.

Amusant, ce Jeff. Plutôt sympathique, âgé d'une trentaine d'années, il est américain, fils d'un négociant en pierres précieuses originaire de Moldavie. D'où ce second prénom, Moussaieff. Il a successivement vécu en Uruguay, à Hawaii, en Suisse... Influencé par un gourou ami de sa famille, il a étudié le sanscrit, cette langue sacrée des brahmanes de l'Inde qu'il a, par la suite, enseignée au Canada, à Toronto. C'est là qu'il a décidé de s'intéresser à la psychanalyse et de s'allonger sur le divan en caressant l'idée de devenir lui-même psychanalyste. Zélé, il court les congrès, rencontre des « psys », se fait des relations.

Et le voici, en ce dimanche de l'été 1979, fasciné par ces papiers jaunis, en compagnie de la vieille Paula, la domestique des Freud, alors âgée de soixante-dix-sept ans. C'est elle qui l'a conduit en ce lieu. En toute confiance, puisque Jeffrey est déjà venu plusieurs fois à Maresfield où Anna Freud, la fille de Sigmund, lui a laissé lire plusieurs lettres de « Monsieur le Professeur ». Alors, pourquoi ne pas lui montrer celles-là ? D'autant que ce gentil garçon, au charme un peu oriental, est manifestement très intéressé. Il farfouille dans les papiers, note des phrases dans son calepin. Paula est ravie d'avoir eu cette bonne idée.

Il est vrai qu'Anna est beaucoup moins serviable. Elle n'a accepté de recevoir Jeffrey Masson que sur la chaude recommandation du Dr Kurt Eissler, le patron des Archives Freud, dont les richesses sont confiées à la garde de la bibliothèque du Congrès, à Washington. Suspicieuse, Anna a quand même pris soin de sélectionner les documents qu'elle allait remettre à Masson. Non pas des originaux, mais des copies qu'elle a fait dactylographier par sa secrétaire, après avoir censuré les passages qu'elle ne souhaitait pas voir divulguer. Son choix porte exclusivement sur cent seize lettres échangées par Freud avec son ami Wilhelm Fliess, et dont la publication avait été volontairement omise lors de l'édition expurgée de 1950, connue sous le titre de *La Naissance de la psychanalyse.*

S'étant apparemment soumis de bon gré aux contraintes imposées par Anna, Jeffrey s'acquitte admirablement de sa tâche. Il conquiert ainsi la confiance de Mlle Freud et de Kurt Eissler. Résultat, l'année suivante, il succède à ce dernier dans les fonctions de secrétaire général des fameuses Archives, en même temps qu'il devient directeur des « copyrights » (droits d'édition des œuvres et autres écrits de Freud). Pour faire bonne mesure, on le nomme aussi futur directeur du musée qui doit être créé à Maresfield Gardens, après la mort d'Anna (alors âgée de quatre-vingt-cinq ans). Fabuleuse promotion pour cet universitaire, plus coutumier de la tenue jean et tee-shirt que du costume trois pièces.

Mais cette flambée d'honneurs sera brève. En effet,

le 18 août 1981, le *New York Times* rend compte d'une conférence prononcée à New Haven par Jeff Masson. Stupeur ! Exploitant sans vergogne les documents inédits auxquels il avait eu accès à Londres, y compris ceux de l'armoire aux secrets, « l'éminent responsable des Archives Freud » révélait un épisode très embarrassant de la vie du Professeur au cours des années 1890. Histoire complexe concernant sa « théorie de la séduction infantile ». Celle-ci se basait sur le fait que des névroses, telle l'hystérie, trouveraient leur origine dans des violences sexuelles subies au cours de la petite enfance. Or, Freud, déclarant qu'il avait fait fausse route, avait finalement décidé d'abandonner cette théorie. « Mensonge ! » affirmait Masson en invoquant les arguments qu'il disait avoir découverts dans la correspondance de Freud. La vérité, selon lui, c'est que Sigmund avait été effrayé par l'accueil glacial réservé à sa théorie par les quelques collègues auxquels il en avait parlé. S'il avait renié sa découverte, prétend Masson, c'est uniquement par crainte des réactions moralisatrices des milieux bien-pensants, en particulier des autorités médicales. Bref, Freud se serait lui-même désavoué par conformisme bourgeois et par souci de préserver son avenir professionnel. Accusation grave, qui faisait de lui un lâche.

Scandalisé par cet outrage à l'honneur de Freud, le Dr Eissler réagit sans tarder : Masson est immédiatement viré de la direction des Archives. Mais, estimant avoir apporté les preuves sur lesquelles se fondent ses accusations, il réclame treize millions de dollars de dommages et intérêts. On lui en accordera trente mille : son salaire annuel.

Ce n'était pas la première fois que l'image idéalisée de Freud était souillée par les éclaboussures de sa propre histoire. En 1969, Paul Roazen, lui aussi professeur à l'université de Toronto, avait mené une véritable enquête de détective en se basant sur les témoignages de personnes qui avaient été proches de Sigmund, et sur les archives d'Ernest Jones (le biographe de Freud), abandonnées dans les caves de l'Institut de psychanalyse, à Londres. Cette recherche avait révélé les conditions dans lesquelles Victor Tausk, un brillant disciple de Freud, s'était suicidé à Vienne, en juillet 1919, sans aucune chance d'échapper à la mort : il s'était tiré une balle dans la tête tout en se pendant à un cordon de rideau.

S'appuyant sur les conclusions de son enquête, Paul Roazen affirmait que Tausk, après s'être rebellé contre l'autorité de Freud, avait terriblement souffert du mépris que lui avait manifesté le Maître. Attitude aggravée par le ressentiment que Freud avait pu éprouver à l'encontre de Tausk quand celui-ci avait été l'amant de la belle Lou Andréas-Salomé dont il était lui-même un admirateur fervent. En clair, Freud détestait Tausk. Sigmund aurait quand même pu éprouver quelque remords après le suicide de Tausk. Or, il n'en fut rien. Écrivant à Lou Andréas-Salomé pour lui annoncer le suicide de l'homme qu'elle avait aimé, Freud avoue qu'il considérait Tausk « comme inutile, et même comme une menace pour l'avenir ». Impitoyable épitaphe qui trahit la dureté d'âme de Freud. Sa fille, Anna, en eut elle-même mauvaise conscience. En 1966, avant que ne fût publiée la correspondance de Lou avec Freud, elle se hâta de supprimer les phrases qui ne faisaient guère honneur à son père. Mais, malgré son ardeur aux ciseaux, Anna ne pouvait pas tout censurer.

Ainsi, au fil des années, grâce aux recherches de chroniqueurs peu complaisants, il apparaissait que le véritable personnage de Freud ne correspondait plus, trait pour trait, à cette impeccable statue qu'avaient sculptée ses biographes officiels. Ceux-ci s'étant appliqués à ce qu'aucun poil impertinent ne dépasse de la barbe de leur modèle. Or, voici qu'avec la nouvelle vague d'investigations sur l'histoire de Freud, se profilait un aspect méconnu du père de la psychanalyse, enfin débarrassé de son maquillage, moins solennel, plus palpable. « Le grand homme commençait, pour la première fois, dit Roazen, à vivre dans mon esprit comme un être humain. »

Sans doute, comme on l'a vu dans le cas de Jeffrey Masson, ce nouveau mode d'approche « historique » était-il peu académique. Il le sera encore moins avec Peter Swales. Drôle de type que cet autodidacte, un Gallois, passionné de rock, comme tous les jeunes des années 60. Il en fera son métier en tant que disquaire, à Londres. Puis, au fil des rencontres, il deviendra l'assistant des Rolling Stones dont il sera bientôt le *businessman*. Curieux de tout, il passe ses moments de loisirs à la bibliothèque du British Museum où il se plonge dans des bouquins d'histoire, de philosophie, de psychologie. Et puis soudain, en 1972, il part pour New York retrouver un ami. Ce dernier s'apprête à créer une petite maison d'édition. Appréciant le sens des affaires de Peter Swales, il lui confie le poste de directeur. C'est à ce titre qu'en 1973 Peter négociera les droits de publication des textes de Freud sur la cocaïne.

Fasciné par la personnalité de Sigmund, il va lire toutes ses œuvres, gloutonnement. Mais, au-delà des idées, ce qui l'intéresse surtout, c'est la vie personnelle de Freud. Or, sur ce point, les textes ne sont pas bavards. Swales décide alors de quitter l'Amérique et de partir pour l'Autriche, l'Allemagne, la Hongrie, afin d'enquêter sur le personnage de Freud et sur son entourage. Ainsi deviendra-t-il, comme il se qualifie lui-même, « l'historien punk de la psychanalyse ».

Rentré aux États-Unis, il décide de rendre public le résultat de ses recherches. Cette fois encore, la méthode employée n'aura rien de commun avec les usages universitaires. C'est pourtant l'université de New York que Swales va choisir comme cadre de son coup d'éclat. Le 18 novembre 1981, il y prononce une conférence qu'il a soigneusement organisée. Et là, pendant trois heures, devant un public captivé, il parle d'un sujet tabou : la liaison que Freud aurait eue avec sa belle-sœur Minna. Comme par hasard, à l'instar de ce qui s'était passé pour Jeff Masson, un journaliste du *New York Times* est présent dans la salle. L'article, qui rend fidèlement compte des théories sulfureuses de Peter Swales, paraît quelques jours plus tard. Produisant l'effet d'une bombe dans le milieu psychanalytique, en Amérique, en Europe. On parlera de « complot anti-Freud » et de « révisionnisme », par référence à la remise en cause du dogme marxiste-léniniste qui avait agité, jadis, les instances du parti communiste. Bientôt, la fronde déclenchée par les *Freud scholars* — ces contestataires de l'histoire freudienne — franchira les bornes de l'insolence. En 1995, ils se ligueront pour faire ajourner la célébration du centenaire de la psychanalyse qui sera reportée à 1998. Tollé dans la communauté psychanalytique internationale. Aux États-Unis, en France, les polémiques se déchaîneront à coups de motions incendiaires. Mais tous les protagonistes finiront par s'accorder pour réclamer un libre accès aux Archives Freud.

Depuis leur création, en 1950, ces Archives sont gérées avec un souci du secret poussé jusqu'à l'obsession. Les 450 000 documents qu'elles contiennent ne sont communiqués aux chercheurs qu'avec parcimonie, selon une logique digne de Kafka. Ainsi certains dossiers classés dans la série Z ne pourront être consultés qu'en l'année 2100. À condition, toutefois, que ce délai ne soit pas à nouveau prolongé, comme ce fut le cas pour des manuscrits réputés accessibles en 2102 et qui ont fait soudain l'objet d'une décision arbitraire repoussant cette date à 2113 : encore plus d'un siècle de cachotteries ! Est-ce raisonnable ? Faut-il rappeler que les documents les plus compromettants ont, depuis longtemps, été volontairement détruits ou censurés par Freud lui-même, et par sa fille, Anna. Alors, pourquoi ce culte du mystère ? La psychanalyse n'y a rien gagné. Bien au contraire. Comme le prouvent les faits relatés ci-dessus, la censure et la rétention d'informations ont surtout eu pour effet de stimuler la curiosité des historiens, des chercheurs, et de quelques fouineurs excités par la transgression de l'interdit.

Sans doute est-il temps d'admettre que l'histoire de Freud et de la psychanalyse doit être racontée comme on le fait pour tout autre personnage exceptionnel ou toute autre aventure humaine : à l'exemple de ce qui s'est passé pour l'histoire de Napoléon, de la conquête de l'Ouest, ou de l'existentialisme. Autant de récits qui nous font découvrir des idées géniales, des combats courageux, des succès sublimes... Mais aussi, des intrigues vaseuses, des conflits d'intérêts, des controverses politiques, des affaires de cœur et de sexe... L'histoire des hommes ne s'écrit pas seulement dans la contemplation des sommets de leur gloire. Comme l'avait remarqué Victor Hugo, expert en épopées : « Elle se reflète aussi dans les cloaques. »

Après nous avoir habitués à fouiller notre inconscient pour en extirper nos névroses, la psychanalyse ne peut vraiment plus se permettre de refouler dans ses oubliettes les épisodes les plus obscurs de son propre passé.

# I

## *Anna O.*
## *Le mensonge des origines*

Il fallait à la psychanalyse sa baignoire d'Archimède, son « Eurêka ! », sa pomme de Newton, autrement dit, le déclic de la découverte, l'événement fondateur qui marquerait la naissance de cette géniale théorie révélée par deux esprits féconds, ceux de Joseph Breuer et de Sigmund Freud. En 1895, les deux compères font paraître, sous leur double signature, les *Études sur l'hystérie.* Ce livre, devenu célèbre, s'ouvre sur le chapitre « Histoires de malades : Mademoiselle Anna O ». Mystérieux pseudonyme sous lequel s'effectuent les premiers pas de la psychanalyse. Car Anna O. n'existe pas. Il s'agit d'un nom inventé par les deux médecins soucieux de respecter l'anonymat de cette malade dont ils allaient faire une glorieuse inconnue.

À l'époque, les deux hommes sont liés par une solide amitié. Ils s'appliquent à partager le mérite de leur découverte alors qu'en réalité seul Breuer a soigné Anna. Freud, lui, ne l'a jamais approchée en tant que médecin. Pourtant Breuer aura l'élégance d'affirmer que le cas d'Anna O. est la « cellule germinale » à partir de laquelle s'est développée cette nouvelle science — la psychanalyse — dont Freud sera le chef de file. Ce dernier renvoie la politesse à son ami en déclarant publiquement que les soins dispensés par Breuer à Anna O.

constituent la base du traitement psychanalytique. Jusque-là, tout est à peu près clair. Du moins si l'on s'en tient aux versions officielles de l'histoire de la psychanalyse, résumées dans les manuels, sous les portraits barbus des pères fondateurs. Or la réalité est plus rude, et tellement plus complexe, que l'on a du mal à s'y retrouver dans ce dédale d'intrigues, de mensonges, de ragots, dont l'exploration ne s'effectue pas sans dommages pour le fameux « acte fondateur » de la psychanalyse.

D'abord, les faits bruts : la jeune femme que l'on cache sous le pseudonyme d'Anna O. se nomme en réalité Bertha Pappenheim. Alors âgée de vingt et un ans, elle appartient à une famille juive et très puritaine de notables viennois. C'est une jolie jeune fille svelte, au teint clair, aux yeux bleus, à la lourde chevelure noire. Intelligente, cultivée, elle parle plusieurs langues. Mais il s'agit d'une personne, plutôt morose, qui se réfugie dans sa vie intérieure qu'elle appelle joliment son « théâtre privé ». Elle y projette ses rêves et ses fantasmes les plus intimes, que l'austérité familiale ne l'incite guère à extérioriser. Seul son père — Sigmund Pappenheim — parvient à lui arracher quelques confidences. Elle l'adore. Or, en 1880, il est frappé par une infection pulmonaire d'origine tuberculeuse. C'est un choc terrible pour Bertha. Dès lors, elle va consacrer toute son énergie et son dévouement, jour et nuit, à soigner le malade. Au bout de quelques mois, en décembre 1880, épuisée, elle commence à manifester d'étranges symptômes : perte d'appétit, douleurs diffuses, contractures musculaires, troubles de la vue. La famille décide d'appeler un médecin en consultation : c'est Breuer.

Ce médecin viennois jouit d'une brillante réputation qui lui attire une grosse clientèle. Il n'est pas seulement un praticien. C'est aussi un esprit curieux, un chercheur. Il s'est notamment intéressé au rôle de l'oreille interne comme organe de l'équilibre. Et surtout, il pratique l'hypnose, cet étrange sommeil artificiel au cours duquel le sujet reste capable d'obéir aux suggestions du magnétiseur. Il s'agit d'une méthode qui a longtemps évoqué la magie et la sorcellerie, jusqu'à ce que l'Allemand Franz Anton Mesmer, au XVIIIe siècle, en fasse un usage spectaculaire contre certaines maladies. La technique fera son chemin, de façon plus scientifique. À Paris, le célèbre Pr Charcot l'utilise dans l'exploration de troubles psychiques comme l'hystérie : une maladie que l'on qualifie encore, à l'époque, de « démoniaque ». C'est par l'hypnose que Breuer va traiter, chez Bertha, ce mal qu'il a rapidement diagnostiqué : « hystérie ».

Outre divers symptômes neurologiques associés à cette névrose, la patiente est très agitée, en proie à des hallucinations funèbres, à des visions de crânes, de squelettes, de serpents noirs... Bientôt, elle ne s'exprime plus qu'en anglais, comme si elle rejetait sa langue maternelle, l'allemand. Mais voici que, peu à peu, le traitement de Breuer semble atténuer les symptômes. Au printemps 1881, en moins de six mois, l'état de la malade s'est amélioré et laisse espérer une guérison prochaine. Hélas, le 5 avril, le père meurt. Aussitôt, Bertha rechute. Deux mois plus tard, Breuer la fait hospitaliser au sanatorium d'Inzensdorf. C'est là qu'il continuera de lui prodiguer ses soins.

À chacune de ses visites, il demande à sa patiente de concentrer son attention sur une orange. Après quelques instants, Bertha sombre dans une sorte de somnambulisme, répondant de manière quasi automatique aux questions du médecin. Ce dernier a déjà procédé de cette manière avec plusieurs patients. Il s'agit pour lui d'une méthode d'hypnose bien rodée. Bertha lui raconte, sans retenue, des histoires, parfois poétiques, souvent effrayantes, qui semblent surgir du fin fond des coulisses de son « théâtre privé ». Elle se prête assez complaisamment à ce jeu qui provoque en elle des phénomènes psychiques qu'elle décrit avec une sensibilité et une intelligence peu communes. Bientôt, elle désignera elle-même ce processus à l'aide d'un mot anglais, *talking cure* (traitement par la parole). Puis elle inventera un terme encore plus imagé : *chimney sweeping*, autrement dit « ramonage de cheminée ». Car c'est bien là ce qu'elle éprouve : une sorte de nettoyage intérieur qui la libère de ses blocages, de ses fantasmes, de ses angoisses, comme si elle se débarrassait ainsi des scories qui encombrent son esprit.

Breuer assiste, émerveillé, à cette métamorphose qui s'effectue dans le psychisme de Bertha et que l'on désignera par la suite sous le terme de « catharsis », d'après un mot grec signifiant « purification ». De fait, peu à peu, les troubles de la patiente disparaissent. Et soudain, le 7 juin 1882, un an, jour pour jour, après son hospitalisation, Bertha retrouve l'usage de la langue allemande, ne manifeste plus aucun symptôme et se déclare elle-même guérie, pour la plus grande joie de sa famille et de son médecin. Celui-ci est particulièrement enthousiasmé. Sa malade a, pour ainsi dire, découvert — par ses propres moyens — la voie de la guérison. Et cela grâce à la perspicacité de Breuer et de sa méthode. Telle est la version officielle de cette grande première médicale présentée dans les *Études sur l'hystérie*. En toute logique, on imagine quelle fut, lors de la guérison de Bertha, la joie de Breuer accourant chez son ami Freud pour lui faire part de sa réussite et pour le convaincre de rédiger, ensemble, l'article scientifique qui fera connaître aux foules médicales éblouies les vertus de la *talking cure* et de la catharsis. Erreur ! Ce n'est pas du tout ainsi que les choses se sont passées. Il suffit, pour s'en convaincre, de se reporter au calendrier des événements. Guérison de Bertha : 1882. Publication du *Cas Anna O. :* 1895. Soit un écart de treize ans ! Treize longues années pendant lesquelles Breuer a gardé le silence sur cette histoire extraordinaire. Seul Freud a été confidentiellement tenu au courant. Et encore Breuer ne lui a-t-il pas tout dit. Stupéfiante modestie s'agissant de faits qui seront à l'origine d'une des plus importantes découvertes du siècle ! À moins que Breuer n'ait eu quelque raison inavouable de se taire. Lesquelles ?

La réponse est à la fois limpide et consternante : en réalité, le 7 juin 1882, quand Bertha est sortie du sanatorium d'Inzensdorf où elle avait été hospitalisée, elle n'était pas du tout guérie. Premier mensonge. De fait, moins de cinq semaines plus tard, ses troubles n'avaient toujours pas disparu. En conséquence, le 12 juillet, Breuer la faisait à nouveau interner. Et, cette fois, en Suisse, à la clinique Bellevue de Kreuzlingen, sur les bords du lac de Constance, loin d'éventuelles visites indiscrètes. Elle y connaîtra plusieurs phases de rétablissement et de rechute. Et cela pendant près de cinq ans, jusqu'en 1887 ! Cinq années occultées dans le compte rendu du cas Anna O. Et même plus, quand l'on sait que c'est seulement à partir de 1890 que la jeune fille sera considérée comme définitivement rétablie.

Breuer se sera donc finalement « trompé » de huit ans sur la fin réelle de la maladie. On comprend qu'il n'ait pas éprouvé le besoin de publier, dès juin 1882, un bulletin de victoire annonçant la guérison « miraculeuse » de sa patiente. On sait maintenant qu'il n'en aurait même jamais parlé à Freud si celui-ci ne s'était acharné, pendant des années, à vouloir le convaincre de diffuser ses observations sur ce qui deviendra *Le Cas Anna O.* : un texte tronqué, qui passera sous silence les rechutes subies par la malade pendant son séjour en Suisse. Comment un homme aussi scrupuleux que Breuer, également très religieux et profondément attaché à de stricts principes moraux, a-t-il pu ainsi se livrer à ce qu'il faut bien appeler une arnaque scientifique ?

À la lumière des recherches effectuées sur cette mystérieuse affaire, il apparaît que c'est Freud qui fut l'instigateur de cette manipulation dont il fera « l'acte fondateur » de la psychanalyse. Non sans un certain cynisme. Ni sans ingratitude à l'égard de Breuer. En effet, il devait beaucoup à cet ami, plus âgé que lui, qui l'avait aidé à s'installer dans la profession en lui envoyant des patients et en lui avançant de grosses sommes d'argent pour faciliter le démarrage du cabinet Freud. En outre, tous deux partageaient les mêmes passions touchant aux recherches médicales de l'époque. Il n'y avait donc rien d'étonnant à ce que Freud ait été mis dans la confidence du cas de Bertha. « Breuer — confirme Sigmund — m'avait communiqué, avant même que je ne me rende à Paris [en 1885], ses observations sur un cas d'hystérie qu'il avait traité, de 1880 à 1882, par un procédé spécial. » C'est ce fameux procédé — l'extraordinaire traitement par la parole et son effet de catharsis — qui fascine le Dr Freud.

Ce dernier, pourtant, n'ignorait rien de l'échec désastreux du traitement qu'avait subi Bertha. Il était d'autant mieux placé pour le connaître que Fraulein Pappenheim était une amie très proche de sa fiancée, Martha. Tout s'est donc passé comme si Freud s'était obstinément refusé à tenir compte de la suite des événements, en particulier des rechutes de Bertha, apparemment négligeables à ses yeux. Ce qui est sûr, c'est que cette histoire l'obsède. Il sent que Breuer n'est pas allé jusqu'au bout des déductions résultant de ce cas exceptionnel.

Il y pense encore, en octobre 1885, quand il obtient une bourse d'études qui va lui permettre de se rendre à Paris, à la Salpêtrière, dans ce temple de la neurologie qu'est devenu le service du Pr Jean-Martin Charcot : « L'un des plus grands médecins, dont la raison confine au génie », écrit Sigmund au comble de l'enthousiasme. Or Charcot est le grand spécialiste du traitement de l'hystérie. Freud espère donc ardemment pouvoir lui parler de Bertha et du traitement par la parole. Peut-être même — pense-t-il — Charcot pourrait-il s'y intéresser et, qui sait ? l'expérimenter à son tour. Ou, au moins, encourager Sigmund dans cette voie. Pour Freud, ce serait le jour de gloire. Arrivé à Paris, et encouragé par ses premiers contacts avec Charcot, il finit par se décider. Un mardi, lors de la consultation hebdomadaire à laquelle il assiste au titre d'« étranger invité », Sigmund tente sa chance. Non sans avoir pris soin de s'administrer auparavant une dose de cocaïne, comme il le faisait, à cette époque, quand il lui fallait vaincre sa timidité. Avec son fort accent autrichien, il essaie d'attirer l'attention du Maître et de lui raconter, en quelques phrases, la guérison de Bertha. En vain. Charcot ne lui prête qu'une oreille distraite. C'est l'échec, la déception.

De retour à Vienne, quatre mois plus tard, Freud s'installe dans son premier cabinet, au n° 7 de la Rathausstrasse. Beau quartier, mais débuts laborieux. Le jeune praticien a alors tout juste trente ans. Il s'efforce de se faire connaître de ses confrères. L'accueil n'est pas très chaleureux. Pourtant, à force de persuasion, il sera invité par la Société des médecins de la capitale pour y présenter un rapport sur ce qu'il a appris à Paris, auprès de Charcot. Mais, toujours orgueilleux, au lieu de s'en tenir prudemment à un compte rendu des travaux du grand patron français, Sigmund — qui caresse la secrète ambition d'être un jour reconnu comme le Charcot viennois — se risque à exposer ses propres observations sur un cas d'hystérie masculine. Nouvel échec ! Il ne réussit qu'à déclencher un énorme chahut dans la docte assemblée : « Absurde ! lui jette un vieux chirurgien. En grec, *hysteron* veut dire “utérus”. Comment un homme pourrait-il être hystérique ? » Bref, sa conférence fait un bide. Freud déprime : « Je sais que je ne suis pas un génie — écrit-il à Martha — et je me demande comment j'ai cru pouvoir en devenir un. » Quel orgueil !

Il retiendra quand même la leçon. S'il veut vraiment s'imposer, il lui faudra publier un travail réalisé en commun avec Breuer dont la notoriété lui servira de caution aux yeux du corps médical viennois. Il repart donc à la charge pour convaincre son mentor. Mais ce dernier — on sait maintenant pourquoi — s'obstine dans son refus. Sigmund s'énerve : « Je ne peux pas comprendre, dit-il, pourquoi Breuer tient si longtemps secrète une découverte qui pourrait enrichir la science. » Alors, il décide de brusquer les choses. En 1888, il publie, de son propre chef, un article intitulé *Hystérie*, dans lequel il évoque le succès de la méthode Breuer. Celui-ci, mis devant le fait accompli, n'apprécie guère l'initiative. En outre, ce puritain, fils de rabbin, se met à être réellement choqué par cette manie qu'a Freud de tout vouloir expliquer par le sexe : « J'avoue — admettra-t-il — que je n'aime pas plonger dans la sexualité, que ce soit en théorie ou en pratique. » Aveu décisif dont on comprendra bientôt l'importance.

Les relations entre les deux hommes commencent à se rafraîchir. Et pourtant, de guerre lasse, Breuer finira par céder. D'abord du bout des lèvres, en 1893, dans un rapport rédigé en commun, comme le souhaitait Freud. Mais ce document passe pratiquement inaperçu. Devenu méfiant, Sigmund en rend Breuer responsable : « Il veut me barrer la route de Vienne ! » se plaint-il dans une lettre à son ami Fliess.

Deux longues années passent encore, au bout desquelles Freud change de tactique. Afin d'amadouer Breuer, il met momentanément une sourdine à ses théories sur la sexualité. Et ça marche ! Breuer accepte enfin de publier ses observations sur *Le Cas Anna O.* qui paraîtra, en 1895, dans les fameuses *Études sur l'hystérie*, cosignées par les deux hommes. Mais, nouvelle entorse à la rigueur des faits observés par le médecin : les facteurs sexuels de la névrose d'Anna-Bertha y sont à peine évoqués. Et pour cause, Breuer a purement et simplement décrété que sa patiente était totalement dépourvue de sexualité.

L'histoire — déjà assez compliquée — aurait pu s'arrêter là. C'est sans doute ce qu'a dû penser Breuer, estimant, à tort, que son mensonge sur la pseudo-guérison de Bertha était à jamais enfoui dans les couches profondes d'un passé définitivement révolu. Il mourra, en 1925, la conscience apparemment en paix. Échappant ainsi au scandale posthume qui s'attachera à son nom, près d'un demi-siècle plus tard. En effet, c'est à partir de 1970 que plusieurs chroniqueurs du mouvement psychanalytique — Albrecht Hirmüler, Henri Ellenberger, Peter Swales, Uffe Hansen et, plus récemment, Mikkel Borch-Jacobsen — ont découvert le pot aux roses : accablant pour la mémoire de Breuer. Passant au crible les documents et les témoignages relatifs au cas Anna O., ces briseurs de mythes donnent sa juste mesure au célèbre « acte fondateur » de la psychanalyse. Non seulement Breuer a menti à propos de la guérison de Bertha, mais il a aussi dissimulé des faits que révèlent les rapports médicaux archivés à la clinique suisse de Kreuzlingen, où ils étaient aussi bien protégés que dans le coffre d'une banque genevoise.

On y apprend des choses surprenantes. En particulier le fait que, en octobre 1882, Bertha Pappenheim souffrait d'une douleur de la face provoquée, six mois auparavant, par l'extraction d'une dent mal opérée. Or, à cette époque, Bertha était soignée par Breuer. Pourquoi ce dernier a-t-il omis de mentionner cette douleur qui devait certainement perturber Bertha ? Plus étonnant encore, il n'a jamais dit qu'à cette occasion il avait administré à sa patiente de fortes doses de morphine. Au point que, par la suite, Bertha, accoutumée à cette drogue, sera morphinomane pendant plusieurs années avant de pouvoir être totalement désintoxiquée. Cela aussi avait dû influencer son comportement. Pourquoi en avoir fait mystère ?

À la lecture des rapports de Kreuzlingen et des comptes rendus rédigés par Breuer lui-même, plusieurs auteurs — au risque de ridiculiser définitivement les conclusions communes de Breuer et de Freud — finissent par se demander si Bertha était vraiment hystérique. Certains d'entre eux pensent même qu'elle a pu tout simplement simuler la maladie. Dans quel but ? Pour se venger d'avoir été tenue éloignée de son père qu'elle avait soigné jusqu'à l'épuisement et dont on avait même fini par lui cacher la mort.

« Mais, rétorquent d'autres spécialistes, la simulation est justement l'un des symptômes de l'hystérie ! » Autrement dit, en feignant d'être hystérique, Bertha aurait démontré qu'elle l'était vraiment. Comme dirait Victor Hugo : « Ces choses-là sont rudes. Il faut pour les comprendre avoir fait ses études. »

Alors ? Dans cet inextricable imbroglio, qui croire ? Bertha elle-même, à plusieurs reprises, a affirmé — y compris à Breuer — que toute sa maladie n'avait été qu'un mensonge. Sans doute le médecin aurait-il mieux fait de la croire plutôt que de la déclarer guérie. Toujours est-il que la plus totale confusion règne sur ce cas historique d'hystérie. Il y a là, on en conviendra, de quoi éveiller quelques doutes sur la validité scientifique du cas Anna O.

Pour la défense de Breuer et de Freud, on retiendra que le diagnostic d'hystérie est manifestement hasardeux. Sigmund en avait fait lui-même l'expérience, en 1895, l'année même de la publication des *Études sur l'hystérie* : un comble ! Voilà qui rend l'incident encore plus cruel pour le fondateur de la psychanalyse. L'une de ses patientes — Emma Eckstein — souffrait de douleurs nasales et de saignements de nez que Freud avait aussitôt qualifiés de symptômes hystériques. En fait, quand il s'est décidé à faire examiner sa malade par un chirurgien, celui-ci a découvert que les fosses nasales d'Emma, dégageant une odeur fétide, contenaient un tampon de quinze centimètres de gaze imprégnée de teinture d'iode. Cette compresse, infectée, avait été oubliée là, deux semaines auparavant, lorsque le Dr Wilhelm Fliess — l'ami intime de Freud, par ailleurs O.R.L. — avait opéré Emma à la demande de Sigmund. Tout cela n'avait évidemment rien à voir avec l'hystérie. Et Sigmund préféra oublier cette erreur médicale qui, à l'époque, ne semblait pas encore passible de poursuites devant les tribunaux.

Mais revenons à Bertha Pappenheim. Il ne manquait plus qu'un drame sentimental pour que son histoire, rocambolesque, se transformât en véritable vaudeville. Ce fut chose faite en 1953, avec la publication de *La Vie et l'Œuvre de Sigmund Freud.* Dans cette biographie — rédigée par Ernest Jones, disciple zélé du Maître viennois — l'auteur rapporte les confidences qu'il dit avoir recueillies de la bouche même de Freud. Stupéfiantes révélations ! On découvre que Breuer aurait tellement été accaparé par sa malade, Bertha, que son épouse, Mathilde, en aurait éprouvé une terrible jalousie, allant jusqu'aux menaces de suicide. Réagissant aux tourments de sa femme, le médecin aurait alors décidé de mettre fin, immédiatement, au traitement de sa patiente. Il se serait précipité chez Bertha qui, tout à trac, lui aurait annoncé qu'il l'avait mise enceinte. Affolé, Breuer, à en croire Jones, aurait « saisi sa canne et son chapeau », et serait rentré précipitamment chez lui pour boucler ses bagages et s'enfuir à Venise avec Mathilde.

Là-bas, rasséréné par la magie de la sérénissime cité des Doges, le couple aurait connu une seconde lune de miel. Réconciliation sur l'oreiller. Mathilde serait revenue enceinte d'une petite fille qui se prénommera Dora. Un vrai roman-feuilleton ! Impitoyablement décortiqué par les historiens qui ont vérifié, un à un, les éléments de cet invraisemblable mélo dont il est désormais prudent de ne parler qu'au conditionnel.

En effet, premier point : au cours de la « vraie-fausse » hystérie de Bertha, aucun compte rendu clinique établi par Breuer ou par les médecins de Kreuzlingen ne mentionne le moindre fantasme de grossesse exprimé par la malade.

Deuxième point : on ne retrouve aucune trace d'un éventuel voyage de Breuer — ni à Venise ni ailleurs — en 1882. Tous les témoignages confirment qu'il a simplement continué de soigner ses patients avant de partir passer ses vacances en famille, comme d'habitude, à Gmunden, près du lac Traunsee, dans la région de Salzbourg.

Troisième point : la fille de Breuer, Dora, qui — selon les affirmations prêtées à Freud — aurait été conçue lors du séjour vénitien, est, en réalité, née le 11 mars 1882, trois mois avant la date à laquelle aurait eu lieu ce voyage imaginaire.

Ces trois démentis réduisent donc à néant les élucubrations échafaudées à propos de cette hallucinante histoire de grossesse nerveuse. Elle aurait par conséquent été inventée de toutes pièces. Dans quel but ? C'est Mikkel Borch-Jacobsen qui — recoupant tous les éléments de l'enquête — nous livre la clé de cette affabulation. D'après lui, Freud n'aurait jamais digéré le fait d'avoir dû occulter l'aspect sexuel de l'hystérie pour convaincre Breuer de publier *Le Cas Anna O.* En colportant la rumeur de la pseudo-grossesse de Bertha, il aurait voulu démontrer que, si le traitement avait échoué, c'est précisément parce que Breuer avait refusé d'admettre l'importance de la composante sexuelle de l'hystérie. Conclusion : l'échec du traitement de Bertha serait l'échec de Breuer, et non celui de la psychanalyse. D'où la machiavélique obstination de Freud visant à préserver sa théorie, à n'importe quel prix. Jusqu'à la calomnie.

Résultat, en lieu et place d'une démonstration scientifique, « l'acte fondateur » de la psychanalyse repose sur un triple mensonge commis par Breuer, par Freud et par Bertha Pappenheim. Ainsi le célèbre cas d'Anna O. a-t-il, aujourd'hui, toutes les apparences d'un mythe, voire d'une mystification. À moins qu'il ne s'agisse d'un canular pieusement entretenu, pendant plus d'un siècle, par les grands prêtres du freudisme. C'est pourtant sur ces bases équivoques que s'est édifiée la psychanalyse, l'une des plus grandes œuvres de l'esprit humain. C'est là son premier paradoxe. Ce ne sera pas le seul.

On aura deviné que le mélodrame du cas Anna-Bertha a définitivement brisé l'amitié entre Breuer et Freud. Au point qu'ils changeaient de trottoir pour éviter de se croiser lorsqu'ils s'apercevaient dans les rues de Vienne. Peut-être en apprendra-t-on davantage sur les ressentiments de Breuer et sur les points les plus obscurs de l'affaire quand sera enfin révélé le contenu d'une certaine lettre, écrite de la main de Breuer, et dont la publication est interdite jusqu'en 2010.

Et Bertha dans tout ça ? En 1895, elle a totalement recouvré la santé. Quand est paru *Le Cas Anna O.*, l'événement ne lui a évidemment pas échappé. D'autant qu'elle a très vite constaté que la véritable identité d'Anna n'était plus vraiment un secret dans les milieux bourgeois de Vienne. Elle a alors subi stoïquement, mais douloureusement, ce viol de sa vie intime livrée en pâture à ses contemporains. Forte personnalité que Bertha. Dès qu'elle a pu reprendre une activité normale, elle a suivi les cours d'une école d'infirmières, sa vocation. Puis elle a créé à Isenburg, en Allemagne, près de Francfort, un foyer pour filles dévoyées. Ce qui l'amènera, par la suite, à pratiquer un militantisme actif dans les rangs des féministes qu'elle mobilisera pour combattre la prostitution. Véritable croisade qui la conduira à travers l'Europe et le Moyen-Orient pour y visiter des dizaines de bordels.

D'année en année, Fraulein Pappenheim est ainsi devenue le modèle parfait de l'assistante sociale, un peu revêche sur le tard, mais qui sera honorée par la postérité. À Vienne, une rue portera son nom. Et, en 1985, l'Allemagne éditera un timbre à son effigie. Ainsi corsetée dans son personnage officiel, Bertha n'a plus rien laissé transparaître de sa vie personnelle. *Black-out* total ! Cette femme, à qui l'on attribue l'invention du traitement par la parole — la fameuse *talking cure* —, est devenue absolument muette sur ses états d'âme et sur ses sentiments. C'est en vain que ses futurs biographes fouilleront son existence, en quête du moindre indice d'une aventure amoureuse. Elle est demeurée célibataire. Et apparemment chaste. On ne lui connaît aucune liaison, ni masculine ni féminine.

La seule confidence que révèlent ses carnets, c'est cet aveu, totalement inhabituel de sa part, bref débordement d'une détresse trop longtemps réprimée : « Je suis passée à côté de l'amour... » Mais, poursuit-elle : « Si l'on n'a plus rien à aimer, on peut recourir à la haine. » Phrase terrible. La psychanalyse et les psychanalystes figuraient, en bonne place, comme cibles privilégiées de cette haine. Pourtant, c'est d'abord avec humour que Bertha avait réagi aux nouvelles qui lui parvenaient concernant les travaux de Freud. En 1911, visitant les lupanars de Constantinople, elle s'était exclamée ironiquement : « Ici, les théories sexuelles n'auraient vraiment pas révolutionné les esprits ! » Mais, plus tard, c'est sans plaisanter qu'elle s'était opposée à l'idée qu'un psychanalyste puisse seulement approcher les pensionnaires névrosées dont elle avait la charge. Rancune tenace.

La psychanalyse n'en a pas moins continué de coller

à son personnage. Bertha était déjà âgée de soixante-cinq ans quand les ragots sur ses anciens rapports avec Breuer avaient commencé à circuler, de bouche à oreille, dans le petit monde des psychanalystes. En effet, c'est à partir de 1925 que Carl Gustav Jung a lâché, entre amis, quelques bribes des commérages qu'il affirmait tenir de Freud. Bertha mourra d'un cancer du foie, une dizaine d'années plus tard, drapée dans son personnage de bienfaitrice. Mais beaucoup moins célèbre que cette femme fictive qui représente, aux yeux du monde, cette part d'elle-même que Bertha avait reniée, et qui s'appelle Anna O.

# II

## *Les ambitions cachées du Pr Freud*

Sur une face de la médaille, le profil hiératique de Sigmund Freud. Au revers, la scène légendaire d'Œdipe et du Sphinx. Avec cette dédicace inspirée d'une citation extraite d'*Œdipe roi* de Sophocle : « À celui qui résolut l'énigme fameuse et devint un homme de très grand pouvoir. » L'allusion est claire. Cette médaille symbolique, spécialement gravée par le sculpteur Karl Schwerdtner, fut offerte à Freud, en 1906, à l'occasion de son cinquantième anniversaire, par son petit groupe de disciples viennois. Elle rend hommage à l'inventeur du complexe d'Œdipe, certes. Mais aussi à l'autorité, enfin reconnue, de Sigmund Freud. Aussi astucieux qu'Œdipe quant au décryptage des mystères de l'esprit. Et non moins impitoyable que le Sphinx lorsqu'il s'agit d'éliminer ceux qui ne se plient pas à ses exigences. C'est, comme on le verra, au prix de cette ambiguïté que Freud deviendra un « homme de pouvoir ». Non seulement par ambition personnelle, mais également parce qu'il était bien obligé, pour imposer ses théories, de s'engager dans une irrésistible conquête de l'autorité scientifique.

En effet, au début du XX^e^ siècle, l'invention de la psychanalyse reposait encore sur des fondations fragiles et très contestées. Les replis de l'inconscient ne s'explorent pas au microscope. Rien à voir avec les sciences dites « dures », basées sur les mathématiques ou l'expérimentation. Quand Newton a découvert les lois de la gravitation ou Einstein celles de la relativité, les grands esprits, à chaque siècle, ont salué à la fois ces savants et leur découverte. De même en médecine, quand Pasteur a mis au point le vaccin contre la rage, il a été élevé au rang de bienfaiteur de l'humanité. Rien de tel pour Freud et sa psychanalyse qui ont d'abord suscité le scepticisme, ou pire, les ricanements.

Pourtant, dès 1902, Freud avait atteint sa pleine maturité, maîtrisant parfaitement les grands thèmes de ses recherches, en particulier sur la nature de l'inconscient. Il était enfin connu, grâce à la publication de son livre sur *L'Interprétation des rêves.* C'est alors qu'il ressentit le besoin de s'entourer d'une équipe de fidèles, premiers adeptes et propagateurs de la psychanalyse. Qui sont-ils ? Non pas d'illustres universitaires. Parmi eux, Wilhelm Stekel n'est qu'un modeste généraliste de quartier que Freud a guéri de son impuissance sexuelle. Éperdument reconnaissant d'avoir recouvré sa virilité, il dira : « J'étais l'apôtre de Freud, lequel était mon Christ ! » Extase qui n'aura qu'un temps. Les trois autres « apôtres » sont aussi médecins. Il s'agit d'Alfred Adler — Hongrois d'origine, installé à Vienne —, de Max Kahane, neurologue dans un hôpital psychiatrique, et de Rudolf Reitler, le premier, après Freud, à pratiquer la psychanalyse.

Tel est le noyau dur autour duquel va se constituer la Société du mercredi. C'est en effet ce jour-là que ce petit club des premières recrues va se réunir chez Freud, chaque semaine, jusqu'à une heure tardive de la nuit, pour débattre des idées de « Herr Professor ». Un titre qu'il possédait alors de fraîche date, et qui était purement honorifique. Il l'avait obtenu par des moyens peu académiques, grâce à une patiente, la baronne Ferstel, qui avait fait pistonner ce cher Sigmund par le ministre de l'Éducation en offrant à ce dernier un tableau destiné à un musée de Vienne. Ce détail a son importance. Il montre pourquoi Freud, ne disposant — au début de sa carrière — d'aucune chaire d'enseignement officiel, ne pouvait former ses adeptes que dans un cadre privé, totalement ignoré de l'Université. Les marches du pouvoir n'en furent que plus rudes à gravir. Mais ses efforts, servis par une prodigieuse habilité, furent quand même assez rapidement couronnés de succès.

En moins de cinq ans, les membres de la Société du mercredi seront parfois plus d'une quinzaine à se serrer dans le salon d'attente du cabinet de Freud, au n° 19 de la Berggasse. Y seront aussi invités, occasionnellement, des personnages qui viennent d'abord en curieux et qui adhéreront ensuite au mouvement. Parmi les plus connus : Max Eitingon, Carl Gustav Jung, Karl Abraham, Otto Rank... autant de futurs disciples qui édifieront peu à peu, et non sans accrocs, l'histoire de la psychanalyse.

Fin stratège, Freud a très vite compris qu'il lui fallait se méfier des admirateurs trop fantaisistes. Ses théories, pense-t-il, ne seront prises au sérieux que si elles sont propagées par des personnalités faisant autorité. En septembre 1907, il décide donc de consolider son équipe, et de profiter de cette augmentation de capital intellectuel pour faire le ménage dans les rangs de ses partisans. Dans cette histoire, les sentiments n'auront guère leur place. Voulant éliminer ceux qu'il considère comme d'éventuelles brebis galeuses, Freud saborde purement et simplement la Société du mercredi qu'il reconstituera avec les seuls engagés volontaires et sous une nouvelle bannière, celle de la Société psychanalytique de Vienne. Les réunions n'auront bientôt plus lieu dans les locaux du 19, Berggasse, devenus trop exigus, mais au « Collège des Docteurs ». Voilà qui fera plus sérieux.

Entre-temps, la réputation de Freud s'était répandue hors des limites de la capitale autrichienne, vers d'autres pays européens et jusqu'en Amérique. En 1909, l'université Clark, de Worcester, aux États-Unis, l'invite — en compagnie du Suisse Carl Gustav Jung et du Hongrois Sandor Ferenczi — à prononcer une série de conférences. C'est la gloire, propre à stimuler les ambitions du Maître. À son retour du Nouveau Monde, il commence à se sentir à l'étroit dans les limites de sa petite société viennoise. Il rêve maintenant de créer une organisation internationale qui propagerait la psychanalyse dans les pays occidentaux. Il en parle à Jung qu'il avait désigné comme son « fils héritier » et qui s'empresse de s'associer à cette idée. Tous deux décident que le projet sera présenté au Congrès international de psychanalyse qui se tiendra à Nuremberg les 30 et 31 mars 1910.

C'est Jung qui en sera le grand ordonnateur. Il a déjà fait la preuve de son efficacité lors de la préparation du premier congrès, à Salzbourg, en 1909. Mais c'est Ferenczi qui sera chargé de présenter le projet de création de l'Association internationale de psychanalyse. Grave erreur. Car Sandor n'a aucun sens de la diplomatie. Cherchant à compenser ses propres faiblesses de caractère, il exprime d'étranges idées sur le rôle de la psychanalyse. Déjà, avant le congrès, il avait écrit à Freud : « Je ne pense pas que la conception psychanalytique du monde conduise à l'égalité démocratique. » Invoquant Platon, il estime : « C'est l'élite de l'humanité qui doit prédominer. » Et, bien évidemment, dans son esprit, les psychanalystes, ces nouveaux philosophes, appartiennent à cette « élite spirituelle ». Or Freud n'a pas vraiment été choqué par ce discours. Il est même assez séduit par cette conception platonicienne du pouvoir qui confie aux philosophes la conduite de la Cité idéale. Mais, à la différence de Ferenczi, il est conscient des réactions que peuvent susciter de telles théories à la fois élitistes et totalitaires. Il s'empresse donc de modérer l'ardeur de son disciple : « Je vous prie d'être prudent. Ceci dans votre propre intérêt. » Et dans celui de la cause freudienne.

Manifestement, Ferenczi va oublier le conseil de son patron. Aux congressistes stupéfaits, il annonce du haut de la tribune, et sur un ton quasi dictatorial, que le président de la future association internationale aura un droit de censure sur toutes les communications et sur tous les articles, quels qu'en soient les auteurs. Tollé général. L'émotion va même virer à l'émeute quand Ferenczi proposera Jung comme futur président, et Zurich comme siège de l'association. Les Viennois s'en étouffent d'indignation. Se considérant, à juste titre, comme les pionniers de la psychanalyse, ils crient à la trahison et quittent bruyamment la salle pour aller tenir un conseil de guerre dans la chambre d'hôtel de Wilhelm Stekel. Et là, coup de théâtre.

Freud les rejoint à l'improviste. Afin de calmer les mutins, il va se livrer à une comédie tout à fait inhabituelle de sa part. Il essaie d'abord de leur prouver qu'ils sont menacés de disparition et qu'ils ont absolument besoin d'un soutien international pour échapper à cette déroute. Mais cet argument ne convainc guère son auditoire. Alors, dans un superbe geste de tragédien, Freud arrache sa veste et la jette à l'autre bout de la pièce en s'exclamant : « Mes ennemis seraient ravis de me voir mourir. Ils sont déjà prêts à me dépouiller ! » Puis, offrant le sacrifice de sa propre personne, il annonce qu'il démissionne de la présidence de la société viennoise et qu'il la confie à Alfred Adler. Bouleversés, les rebelles se pressent autour de leur grand homme et l'assurent de leur éternelle fidélité. Émotion, effusions, congratulations. C'est gagné ! Le lendemain, Jung sera bel et bien nommé président de la nouvelle association internationale. Avec l'assentiment des Viennois. Tandis que Freud sourira dans sa barbe.

L'alerte a été chaude. En voulant élargir son influence

au plan international, Sigmund a failli perdre le soutien de ses alliés les plus sûrs. Sa victoire est néanmoins illusoire. Le coup de Nuremberg n'a pas calmé les conflits qui continuent de déchirer la Société de Vienne sous la tutelle d'Adler, le nouveau président. D'autant que celui-ci se targue d'élaborer une doctrine personnelle qui va bientôt s'écarter délibérément du dogme freudien. D'après ses théories, les comportements humains s'expliquent moins par l'importance des facteurs sexuels, mis en lumière par la psychanalyse freudienne, que par la volonté de puissance qui anime les individus : idée partiellement inspirée par la philosophie de Friedrich Nietzsche, mais aussi par les convictions politiques d'Adler. En effet, celui-ci est un militant socialiste très actif. Par l'intermédiaire de sa femme, il est même lié aux révolutionnaires russes proches de Trotski. Bref, Adler s'intéresse plus aux ressorts sociologiques de l'action qu'à l'exploration des abysses de l'inconscient. Ce qui lui vaut sans tarder ce verdict de Freud. Sans appel : « Les enseignements adlériens sont inexacts. Ils mettent donc en péril le développement futur de la psychanalyse. » Ainsi désavoué, Adler démissionne de la présidence en juillet 1911 puis, quelques mois plus tard, de la Société viennoise elle-même. Il entraîne dans son sillage Wilhelm Stekel et six autres de ses partisans qui manifestent ainsi leur rejet des méthodes dictatoriales de Freud. « Je me suis enfin débarrassé d'Adler et de sa bande », répliquera Sigmund. C'est à peu près dans les mêmes termes, aussi peu amènes, que trois ans plus tard, en juillet 1914, il scellera sa rupture avec Jung et les Zurichois : « Nous voilà enfin débarrassés de Jung, cette sainte brute, et de ses pieux acolytes. »

Il est clair, désormais, que la lutte pour l'expansion mondiale de la psychanalyse ne se borne pas à un débat d'idées portant sur des divergences théoriques. Elle révèle des comportements qui confirment assez bien les thèses d'Adler sur la « protestation virile » conduisant au dépassement du père. Freud est engagé dans un furieux combat des chefs qui, à terme, le menacera dans son rôle de leader du mouvement psychanalytique international. Sa brouille avec Jung avait atteint son point de non-retour dès 1912. Cette année-là, le 23 décembre, Sigmund avait écrit à Ferenczi : « Jung se comporte comme un imbécile florissant et un type brutal, ce qu'il est du reste. » Mais il avait décidé de ne pas l'attaquer de front, essayant plutôt de le contraindre à quitter les rangs freudiens de sa propre initiative. « J'aimerais le laisser se perdre lui-même », confiera-t-il à Abraham. Et c'est bien ainsi que se passeront les choses, grâce à la nouvelle arme dont va disposer Freud : une arme secrète.

Elle lui sera fournie par Ernest Jones qui, le 30 juillet 1912, lui propose la création d'un cercle de fidèles triés sur le volet : « Un petit groupe d'analystes dignes de confiance, une sorte de vieille garde autour de Freud, expliquera Jones. Je pensais — poursuit-il — aux paladins de Charlemagne... Je me rappelais aussi les nombreuses sociétés secrètes citées dans la littérature. » Étranges références. On a peine à le croire, mais c'est bien cette tradition guerrière de la chevalerie féodale, jadis chantée par les bardes de son pays, que Jones le Gallois prend comme modèle. Sans même se rendre compte — lui, le seul « goy » de l'équipe — que cette très chrétienne chevalerie s'était notamment fixé pour mission de pourfendre les juifs. Il est vrai que ces preux chevaliers ne dédaignaient pas non plus d'exterminer les hérétiques. Lesquels, dans l'esprit de Jones, avaient alors pour noms Adler, Stekel et Jung. Tous trois considérés comme renégats, accusés de s'être délibérément écartés de la doctrine freudienne. Et, de ce fait, à jamais condamnés par le Maître, comme l'avaient été avant eux Fliess et Breuer.

Freud commence par accueillir le projet de Jones avec ironie : « Il y a, lui dit-il, quelque chose d'enfantin et de romantique dans votre idée. » Mais il comprend vite le parti qu'il peut tirer de la création d'un groupe de fidèles entièrement dévoués à sa cause. « J'avoue — confesse-t-il — que vivre et mourir me deviendraient plus faciles si je savais qu'une telle association existe pour veiller sur mon œuvre. » Telle est l'obsession de Freud : l'avenir de son œuvre. Il est alors âgé de cinquante-six ans. À cette époque, la psychanalyse — dont l'acte de baptême officiel date de 1896 (publication par Freud de *L'Hérédité et l'Étiologie des névroses**) — n'a encore que seize ans. On parle d'elle dans les doctes assemblées médicales d'Europe et d'Amérique. Et même dans quelques journaux. Mais elle est aussi critiquée, combattue, injuriée. Donc fragile. Hanté par l'idée de sa propre mort, Freud sait que la psychanalyse ne peut lui survivre que si elle continue d'être pratiquée après lui. D'où la nécessité impérative de former des disciples. Encore faut-il que ces apôtres soient assez zélés pour ne pas corrompre l'intégrité de la psychanalyse en projetant sur elle des conceptions personnelles non conformes à l'orthodoxie. Il faut pour cela la couler dans le bronze d'un dogme, inaliénable, transmis par des adeptes inconditionnels. Les déviationnistes étant impitoyablement rejetés. « Tout ce qui s'écarte de nos vérités reçoit immédiatement la sanction officielle », décrète Sigmund en 1913.

Nous sommes là au cœur de la stratégie mise en œuvre par Freud dans le dessein d'assurer la pérennité de la psychanalyse, et d'affirmer son propre pouvoir. Il fait preuve en l'occurrence d'un sens aigu de la politique

* C'est dans ce texte, publié en français, dans la *Revue neurologique*, que Freud emploie pour la première fois le mot « psychanalyse ».

comme art de dominer les événements et les hommes. « Dans ce domaine — observe son biographe Peter Gay — Freud se montrait infiniment plus retors que dans la vie ordinaire. » Aussi, l'idée de constituer autour du chef une escouade de partisans assurant sa garde rapprochée s'inscrivait parfaitement dans ce dispositif. De même le caractère de fraternité secrète, propre à ce type d'association, ne pouvait que séduire Freud. Ce dernier était déjà membre de la loge *B'nai B'rith* : en hébreu, les « Fils de l'Alliance ». Elle avait été créée en 1843, à New York, par une douzaine de francs-maçons d'origine allemande, afin de venir en aide aux immigrés juifs. Fondée sur ces bases humanitaires et sur un rituel spécifiquement hébraïque, *B'nai B'rith* a peu à peu essaimé dans une cinquantaine de pays. Le futur comité freudien, lui, aura une vocation moins généreuse. En effet, son premier objectif sera de « se débarrasser » de Jung.

« L'existence et l'action de ce comité devront rester absolument secrets — insiste Freud dans sa réponse à Jones. Et j'ai le regret de dire, ajoute-t-il, qu'une telle union doit être constituée indépendamment de Jung. » Pour plus de sûreté, il en choisit lui-même les membres : Ernest Jones de Londres, Sandor Ferenczi de Budapest, Hanns Sachs et Otto Rank de Vienne, et Karl Abraham de Berlin. Freud, toujours paternel, les appellera ses « fils adoptifs ». Il les réunira au complet, le 25 mai 1913, dans son cabinet du 19, Berggasse. Là se déroulera un cérémonial propre à renforcer le caractère ésotérique de cet étrange cénacle qui s'apparente plus à une secte qu'à une société scientifique. Le maître offrira à chacun des cinq disciples une de ces pierres, gravées en creux, appelées intailles, provenant de sa collection d'objets antiques. Ils les feront monter en chevalière, comme celle que Sigmund porte lui-même à la main droite et qui est ornée d'une tête de Jupiter.

Ce cadeau est fortement chargé de symboles. Initialement destinées à sceller des contrats, ces pierres sont, pour chacun des cinq membres du Comité secret — c'est ainsi que sera désormais nommée leur association —, le signe de leur allégeance au Maître vénéré. Mais il évoque aussi, dans la mythologie germanique célébrée par Wagner, le *Ring*, l'anneau qui confère un pouvoir absolu à ceux qui le portent.

Voici donc les cinq chevaliers adoubés par leur souverain. Prêts à guerroyer sous la bannière du freudisme. Or — faut-il le rappeler ? — l'ennemi à abattre, c'est Jung ! L'exécution est d'autant plus urgente que la notoriété du Zurichois fait de lui, dans le sillage de Freud, le numéro deux du mouvement psychanalytique. Pour servir ses ambitions, le Suisse dispose d'atouts non négligeables : d'une part, il est président de l'Association psychanalytique internationale. D'autre part, il possède un outil puissant : *L'Annuaire mondial de la psychanalyse (Jahrbuch)*, dont il est le rédacteur en chef, et dont il possède le précieux fichier. Avec des mines de conspirateurs, les membres du Comité secret vont donc s'employer méthodiquement à comploter dans les coulisses de l'Association internationale pour saper l'autorité de Jung. De son côté, Freud travaille — « furieusement », dit-il — à rédiger une *Contribution à l'histoire du mouvement psychanalytique.* Il s'agit, selon son propre aveu, de « la bombe » qui éliminera Jung pour toujours. Mais finalement, grâce au machiavélisme de Freud, les rumeurs qu'il laissera volontairement filtrer sur le contenu de son pamphlet vont se révéler plus dévastatrices que l'arme elle-même.

Du coup, le scénario se déroule comme l'a voulu Sigmund. Plutôt que de subir les événements, Jung préfère désamorcer le dispositif avant l'explosion. Créant la surprise, il démissionne le 20 avril 1914. Mais voici que, sous le coup d'un événement que n'avait pas prévu Freud, les suites de l'affaire vont s'effilocher dans le vent de l'Histoire.

En effet, le 28 juin, le prince héritier d'Autriche, François-Ferdinand, et sa femme sont assassinés à Sarajevo. Dans ce contexte tragique, la « bombe » de Freud, qui explose à la mi-juillet, fait l'effet d'un pétard mouillé, dérisoire. Déjà la mobilisation générale est décrétée en Autriche-Hongrie. Début août, la guerre embrase l'Europe. Le Comité secret du Pr Freud s'enterre dans les tranchées. Quant à ses « chevaliers », les voici jetés dans une vraie guerre, troquant leur chapeau melon contre le shako ou le casque à pointe. Dans le camp germanique, Abraham est engagé volontaire dans un hôpital de Prusse-Orientale, Rank est enrôlé dans l'artillerie lourde autrichienne, Ferenczi comme médecin militaire en Hongrie. Seul Sachs s'en tire avec un court passage dans l'intendance avant d'être réformé. Dans le camp des Alliés, le Britannique Jones échappe à la mobilisation, mais il restera bloqué dans son île pendant toute la durée des hostilités. Pour Freud, isolé à Vienne, coupé de ses disciples par les aléas du courrier et par la censure, commence une longue période « chargée de nuages noirs ».

L'activité psychanalytique internationale est évidemment mise en veilleuse. Le rayonnement du Sphinx ne dépasse guère les murs de son temple viennois. « Je me sens aussi isolé que pendant les dix premières années, quand le désert régnait autour de moi », dit-il à son amie Lou Andréas-Salomé. Ses patients se font rares. Les honoraires aussi. « La guerre me coûte déjà un manque à gagner de plus de 40 000 couronnes », note-t-il en avril 1915. En outre il a froid : pénurie de charbon. Les mains engourdies, il écrit difficilement. Puis c'est la nourriture qui vient à manquer. Il faut s'approvisionner au marché noir ou attendre les colis acheminés en fraude par quelques amis, parmi lesquels Ferenczi, le seul avec lequel il puisse correspondre à peu près régulièrement : « Une personne anonyme nous a laissé du fromage blanc et du beurre. Il est apparu qu'il s'agissait de Mme Levy, ce qui doit rester secret. » (8 août 1917.) Mais surtout Freud s'inquiète très sérieusement pour ses fils, Martin, Oliver et Ernst, tous trois mobilisés et exposés aux combats. Le physique n'est guère plus brillant que le moral. Sigmund souffre de troubles digestifs dus à une mauvaise alimentation. Certes, il fume moins. Lui qui consommait jusqu'à vingt Traboukos par jour (ses cigares préférés), le voici condamné à l'abstinence. Et pourtant, dans une lettre à Ferenczi, le 12 juillet 1915, se glisse entre les lignes cette petite phrase, apparemment anodine : « Je souffre beaucoup de maux de tête provenant d'affections de la partie postérieure du pharynx... » : première allusion à l'apparition du cancer dont il mourra vingt-quatre ans plus tard, le 21 septembre 1939. Long préavis accordé à cet homme qui, en novembre 1917, sous l'emprise d'une superstition propitiatoire, avait prédit sa propre mort pour le mois de février 1918.

Le Prophète se pliera de bonne grâce aux démentis du destin. Mais le cœur n'y est pas. Non sans raisons. La guerre révèle à Freud les limites de son pouvoir personnel. Ses ambitions internationales sont balayées par le conflit mondial. Son pays, l'Autriche, ne lui apporte même pas les consolations qu'il pourrait en attendre. D'où ce sentiment de révolte exprimé par celui qu'il appelle son « grand vizir secret », Ferenczi : « Je trouve indigne — lui écrit ce dernier, un tantinet flagorneur — que le créateur de cette science qui renverse toutes les valeurs n'ait pas trouvé, après tant de décennies, assez de compréhension dans sa propre patrie. »

« Une science qui renverse toutes les valeurs. » La voilà bien résumée la suprême ambition de Freud. Languissant dans son isolement forcé, il craint que la psychanalyse ne soit un jour réduite à une branche de la psychiatrie. Lui, rêve — pour sa découverte — d'une tout autre vocation, grandiose. En faire une science de l'absolu, capable d'éclairer l'humanité sur les origines de la religion, de la philosophie, de la morale, du droit... bref, de toute la civilisation. Vertigineuses perspectives. Freud n'a alors plus rien de commun avec l'image du praticien débonnaire, révélant à ses patients les clés de leur inconscient afin de les délivrer de leur névrose. Sa nouvelle vision de la psychanalyse est d'une portée titanesque. Oserons-nous dire « mégalo » ? En effet, ce que veut Freud, désormais, c'est faire de la psychanalyse le moyen d'infliger aux hommes une « blessure narcissique ». Afin de les humilier, ou, plus vulgairement, de leur rabattre le caquet. Et cela, dit-il, pour la troisième fois dans l'histoire de l'humanité. D'après lui, le premier coup leur a été porté par Copernic quand il leur a démontré que la Terre n'était pas le centre de l'Univers. Le deuxième camouflet leur a été infligé par Darwin démontrant que l'homme, descendant du singe, n'est plus guère qu'un animal de première classe. Et voici que lui, Freud, grâce à la découverte de la psychanalyse, révèle soudain à l'homme qu'il n'est pas gouverné par la raison, mais par les pulsions obscures émanant des bas-fonds de son inconscient. On comprend mieux, alors, l'extraordinaire mission dont Freud estime être investi et qui, dans son for intérieur, le hisse au rang des plus grands génies. Comment ne serait-il pas accablé par cette guerre qui compromet son irrésistible ascension ?

Freud a bien essayé de mettre à profit son exil intérieur pour entreprendre la réalisation d'un vaste projet : son grand œuvre auquel il « travaille secrètement », confie-t-il à Lou Andréas-Salomé. Labeur mystérieux dont le couronnement serait la publication d'une *Métapsychologie*, véritable Bible de la psychanalyse : la somme de toutes les théories freudiennes sur l'inconscient, le refoulement, le complexe d'Œdipe, les pulsions, la composante sexuelle des névroses, le narcissisme... Au total, une douzaine de chapitres. Sigmund s'attelle à cette tâche en février 1915. Le 21 juin, il annonce à Ferenczi que dix chapitres sont terminés. Il parle bientôt de faire publier son livre à l'automne. Et puis, plus rien ! Jusqu'en 1917. À cette date paraissent cinq des douze chapitres sous un titre éloquent exprimant bien les états d'âme de l'auteur : *Deuil et Mélancolie.* « Les autres essais, dira Freud, ne méritaient que suppression et silence. » De fait, il les a détruits. Pour lui, la guerre s'achèvera sur ce sentiment de défaite. « Je suis fatigué, surtout hargneux et dévoré par une rage impuissante », avoue-t-il en juillet 1919.

La paix revenue, Freud essaye de se ressaisir et de reprendre les affaires en main. Mais l'isolement de l'Allemagne et de l'Autriche, dont les frontières ne peuvent être franchies qu'après obtention d'un laissez-passer, ne facilite pas les retrouvailles des membres du Comité secret. Il leur faudra attendre le sixième congrès international, qui se tiendra en septembre 1920 à La Haye, pour pouvoir, enfin, se réunir au complet, à l'issue des séances officielles. Parmi eux Max Eitingon, médecin, jouissant d'une confortable fortune acquise par sa famille dans le commerce international des fourrures. Il participera généreusement au financement des entreprises freudiennes. En signe de gratitude, le Maître lui offrira son anneau personnel, frappé — on s'en souvient — à l'image de Jupiter.

À la demande de Freud, tous s'engagent à échanger, chaque semaine, une lettre confidentielle sur un papier frappé, comme la médaille de 1906, d'un logo à l'image d'Œdipe et du Sphinx. Sigmund renoue, en l'occurrence, avec ce culte du secret dont il aime s'entourer, comme si le mystère était l'une des conditions de son pouvoir. Situé au cœur de son réseau, il est au courant des activités de chaque membre du Comité, veillant au développement de la psychanalyse et au strict respect de la doctrine freudienne.

Or la stratégie mise en œuvre par Freud, depuis de longues années, pour garantir l'avenir de sa découverte, va se heurter à un phénomène imprévu. Après s'être constamment battu sur deux fronts — la défense de l'orthodoxie face aux déviationnistes (Fliess, Adler, Jung) et la riposte aux attaques des puritains —, le prophète fait bientôt figure d'apprenti sorcier. La psychanalyse est soudain victime de son propre succès. Emportée dans le tourbillon des « années folles » de l'après-guerre, la voici qui se dévergonde. Dans les soirées, on parle du complexe d'Œdipe aux rythmes du charleston, et l'interprétation des lapsus devient un jeu de société. Profitant de cette mode, quantité de charlatans se prétendent psychanalystes du jour au lendemain. À Londres, les murs se couvrent d'affiches prometteuses : « Voulez-vous gagner mille livres sterling par an ? Devenez psychanalyste en huit leçons par correspondance ! » Freud est devenu une star médiatique mondiale. La photo du patriarche au cigare est à la une des journaux à fort tirage. De Hollywood, le producteur Samuel Goldwyn lui propose cent mille dollars pour écrire le scénario d'un grand film d'amour. Affolé, Sigmund refuse. Il juge « répugnante » cette forme de célébrité. Son rêve secret, c'est le prix Nobel.

Les rumeurs sur l'attribution de ce vrai titre de gloire au père fondateur de la psychanalyse ont commencé à circuler en 1914, une année évidemment peu propice à ce genre de célébration. Son nom sera à nouveau proposé en 1920, en 1928, en 1930, avec l'appui d'éminentes personnalités comme Bertrand Russell, Julian Huxley, Thomas Mann. En vain. Le 14 août 1930, dans une lettre à Stefan Zweig, Freud avoue qu'il ne songe même plus à obtenir le prix fabuleux : « Je reconnais l'avoir autrefois désiré. Mais il y a aussi des désirs qui s'éventent. » Sage résignation. Sigmund mourra toujours ignoré par le jury du Nobel.

Il faut dire que la vulgarisation outrancière de la psychanalyse n'a pas plaidé en faveur de son inventeur. Colportées par des praticiens véreux, caricaturées par des articles de presse approximatifs, les théories freudiennes suscitaient plus que jamais les réticences des milieux académiques. Or, en l'occurrence, Freud et son Comité secret étaient impuissants à endiguer le flot d'inepties qui dénaturaient la psychanalyse. S'il leur avait été relativement facile d'excommunier leurs frères ennemis — Adler et Jung —, il se révélait impossible de poursuivre, pour exercice illégal de la psychanalyse, les charlatans de New York qui escroquaient leurs clients à trente ou quarante dollars par séance.

À défaut de pouvoir contrôler les dérives de la psychanalyse sauvage, les « enfants adoptifs » du Prophète vont s'entre-déchirer en famille, chacun essayant d'être désigné comme le dauphin du vieux Maître. Or celui-ci ne tarit pas d'éloges en faveur d'Otto Rank qui bénéficie de son affectueuse confiance. Le « petit Rank », comme l'appelle Freud, fera donc un parfait bouc émissaire. Né Rosenfeld, d'une mère brutale et d'un père alcoolique, il a changé de nom pour rompre tous ses liens familiaux. Ayant fait peu d'études, il travaille comme tourneur dans un atelier. Dès qu'il sort les mains du cambouis, il dévore des livres. De santé fragile, il a pour médecin généraliste Alfred Adler. C'est par son intermédiaire qu'il rencontrera Freud dont il a lu toutes les œuvres. En 1906, il a vingt-deux ans. Sigmund en fait le secrétaire de la Société du mercredi et l'aide à reprendre des études au lycée puis à l'université. Il entreprend en même temps la rédaction d'un livre sur *L'Inceste dans l'art et la littérature.* Bourreau de travail, supérieurement intelligent, il devient vite irremplaçable. « En l'absence de Rank

— dira Freud à Jones, en 1919 — je suis presque réduit à l'impuissance. »

Évidemment, les autres « fils » sont jaloux. Ils nouent entre eux des alliances pour faire face à l'adversité. Le Comité secret semble ne plus avoir comme activité que de s'autodétruire. Tous les coups sont permis, jusqu'aux plus odieux ragots. Ferenczi rapporte un jour que Jones — le « goy » — a parlé de Rank en le traitant de « filou juif ». Lamentable ambiance au sein de cette poignée d'hommes qui, en septembre 1922, posent devant le photographe pour transmettre leur image à la postérité. Que de vanité cachée au fond de ces regards fixés sur l'objectif !

En 1923, excédé par ces rivalités, Freud exige de ses disciples qu'ils lavent leur linge sale en famille, hors de sa présence, et qu'ils viennent ensuite lui communiquer le résultat de leurs discussions. La réunion se tient en août, à San Cristoforo, dans le Tyrol. Les règlements de comptes sont bien vite éclipsés par le dîner qui leur fait suite et auquel se sont joints Anna, la fille de Freud, et le Dr Felix Deutsch, son médecin personnel. C'est alors que tous deux révèlent aux membres du Comité la gravité du cancer dont souffre Sigmund. Consternation générale. Soudain brisée par un fou rire nerveux d'Otto Rank, fidèle à son rôle d'affreux jojo, qui n'a pas su maîtriser son émotion.

Il aggrave son cas, l'an suivant, en publiant un livre sur *Le Traumatisme de la naissance* qu'il a le culot de dédier à Freud. Or, la lecture de l'ouvrage fait blêmir les gardiens du dogme. À leurs yeux, Rank y bafoue l'un des principes de base de la psychanalyse, le sacro-saint complexe d'Œdipe. Cette fois c'en est trop ! Abraham, comme il l'avait fait contre Adler puis contre Jung, va reprendre son rôle de grand épurateur des hérétiques. Il alerte Freud dont l'affection à l'égard du cher Otto commence à faiblir. Mais le Maître ne reniera jamais vraiment le fils prodigue qui finira par s'exiler aux États-Unis. Il y obtiendra un succès fou en raccourcissant la durée des analyses. Tout en rallongeant ses notes d'honoraires. C'est la fortune, sous une pluie de dollars. Envieux, et toujours aussi mauvaise langue, Ernest Jones fera alors courir le bruit selon lequel Rank met à profit ses séances d'analyse pour extorquer à ses patients des tuyaux sur les placements boursiers.

Au fur et à mesure que s'aggravera l'état de santé de Freud, la zizanie deviendra de plus en plus rude parmi ses disciples. Chacun s'estimant destiné au titre de dauphin. Vaines supputations. Car, bientôt, il apparaîtra que la stratégie secrète de Freud concernant sa succession fait fi des frères ennemis qui s'agitent dans le bocal du Comité. C'est à sa fille, Anna, que sera confiée la garde suprême de l'œuvre paternelle. Et c'est au service d'Anna que le Comité — au sein duquel elle prend la place de Rank — aurait dû fonctionner, s'il avait perduré. Mais la destinée en décida autrement.

En décembre 1925, Abraham meurt bêtement des suites d'une infection provoquée par une arête de poisson qui s'est piquée dans son arrière-gorge. L'année suivante, Ferenczi part faire une tournée de conférences aux États-Unis. Il en reviendra métamorphosé. Et se détachera peu à peu de Freud. Bientôt, il entrera à son tour en dissidence contre l'orthodoxie freudienne. Non pas sur le fond de la doctrine, mais sur un point de « technique » psychanalytique. Il avait commis l'imprudence d'expliquer à Sigmund que, pour instaurer un climat de « douce bienveillance » avec ses patients et patientes, il lui arrivait de les embrasser ! Cela faisait partie, disait-il, de sa conception de la « thérapie active ». Fureur immédiate du Maître qui sermonne sévèrement son « vizir ». Voulant néanmoins montrer qu'il a les idées larges, Freud affirme qu'il n'a rien contre « les petites satisfactions érotiques ». Mais, proteste-t-il :

« Bientôt nous aurons accepté, comme faisant partie de la technique analytique, tout le répertoire de la demi-virginité et des parties de pelotage ! » Nous voilà bien loin des orgueilleuses perspectives de la « blessure narcissique » infligée à l'humanité par le génie freudien !

Ces reproches grivois n'arrangeront pas la suite des relations entre Freud et Ferenczi. S'y ajouteront des divergences de vues concernant les traumatismes sexuels de l'enfance. Il apparut plus tard que Sandor était tout simplement malade, sujet à de violentes crises attribuées à sa paranoïa. En outre, comme cet hypocondriaque invétéré s'était plaint toute sa vie de maux aussi variés qu'invraisemblables, on ne le prit pas au sérieux. Le 24 mai 1933, il mourait d'une anémie pernicieuse.

Deux semaines auparavant, les œuvres de Freud avaient été jetées au feu par les nazis. Destruction illusoire de la psychanalyse. Elle survivra à la barbarie hitlérienne, comme elle avait su résister aux sarcasmes des puritains, aux attaques des médecins orthodoxes et à ses propres conflits internes. Finalement confortée — plutôt qu'affaiblie — par les révoltes de Jung, Adler, Rank, Ferenczi. Au bout du compte, la stratégie de Freud — même si l'image du personnage en pâtit quelque peu — aura atteint son but : assurer la survie de la psychanalyse au plan mondial. Fût-ce au prix des ambiguïtés, des complots et de quelques lâchetés. Avant de mourir — raconte Peter Gay — Ferenczi était parvenu à cette amère découverte concernant son maître : « Il n'aimait personne, hormis lui-même et son œuvre. » Une épitaphe que Freud n'aurait sans doute pas dédaignée.

# III

## *Sigmund contre les « barbares du dollar »*

« Ils ne savent pas que nous leur apportons la peste. » Cette phrase « historique » a fait le tour du monde. Elle aurait été prononcée par Freud quand — appuyé au bastingage du *George-Washington,* aux côtés de Jung et de Ferenczi, ses deux compagnons de voyage — le père de la psychanalyse s'apprêtait à débarquer aux États-Unis, en septembre 1909. Puissante image que cette évocation de Freud, la barbe au vent, les yeux fixés sur le rivage du Nouveau Monde où, tel un prophète de malheur, il s'apprêtait à introduire le fléau dévastateur qui allait contaminer l'Amérique. En fait, cette parabole, assimilant la psychanalyse au mal qui répand la terreur, est pour le moins paradoxale. Surtout prononcée par celui qui voulait faire de sa découverte une œuvre de conquête.

Autre invraisemblance, il a fallu attendre près d'un demi-siècle pour que le monde découvre cette formule choc. En effet, c'est seulement en 1955, devant un public de psychiatres viennois, que Jacques Lacan a révélé les fameuses paroles attribuées à Freud et qu'il aurait recueillies de la bouche de Jung. Or, on a vraiment peine à croire que ce dernier — véritable pipelet de la psychanalyse — ne se soit pas empressé de répandre lui-même la formule percutante attribuée à Freud. Enfin, il est étrange que ni Sigmund ni aucun de ses biographes les plus zélés n'ait jamais mentionné la célèbre phrase. Bref, faute de preuves contraires, tout laisse croire que le Maître n'a jamais prononcé ces paroles. C'est donc à Lacan seul qu'en revient la paternité. Il a pu les inventer pour séduire son auditoire, ce qui serait assez conforme à ses habitudes. À moins qu'il n'ait voulu formuler avec plus de vigueur ce que Freud avait vraiment voulu exprimer en débarquant à New York. En effet, d'après le témoignage de Jung, Freud aurait tout simplement prononcé ces mots en parlant des Américains : « Ils seront surpris quand ils sauront ce que nous avons à leur dire. » Propos qui n'avaient vraiment rien de pestilentiel.

En réalité, c'est Sandor Ferenczi, l'autre compagnon du voyage en Amérique, qui était le mieux placé pour connaître les états d'âme de Freud découvrant la statue de la Liberté. Dès le mois de janvier 1909, il avait recueilli les premières confidences de Sigmund concernant la préparation de leur périple. Freud y laissait déjà transparaître l'antipathie qu'il éprouvait à l'encontre des Américains, avant même de traverser l'Atlantique. D'ailleurs, c'est à contrecœur qu'il avait accepté l'invitation à se rendre à l'université de Worcester (Massachusetts), pour y donner une série de conférences en compagnie de Jung et de Ferenczi. Il commença par s'inquiéter du coût du voyage : « Je trouve que l'exigence de sacrifier tant d'argent à cette occasion est par trop américaine. L'Amérique doit rapporter, non coûter de l'argent. » Sous cette apparente cupidité, c'est son total mépris que voulait exprimer Freud à l'adresse de ce peuple qu'il appelle « les barbares du dollar ».

Pourquoi tant de hargne ? Il semble que Freud ait éprouvé une sorte d'appréhension face aux menaces dont sa psychanalyse risquait d'être l'objet en débarquant dans le Nouveau Monde. En témoigne la lettre qu'il adresse à Ferenczi le 10 janvier 1909 : « Nous devrions très vite être mis à l'index là-bas, dès qu'ils tomberont sur les soubassements sexuels de notre psychologie. » En venant présenter la psychanalyse aux Américains, Freud n'avait donc nullement l'intention de leur apporter la peste en contrebande. Au contraire, ce qu'il craignait par-dessus tout, c'était que les théories psychanalytiques, fondées sur la sexualité, ne soient rejetées par le puritanisme américain.

Se livrant à un acte symbolique, Freud avait pris soin de souscrire pour lui-même une importante assurance vie avant de s'embarquer pour New York. Sans doute aurait-il bien voulu signer aussi, avec la compagnie Llyod's, un contrat semblable qui aurait garanti la psychanalyse contre les risques auxquels elle serait exposée outre-Atlantique. Or l'avenir montrera que les vrais dangers qui allaient menacer le freudisme aux États-Unis ne seront pas ceux que Sigmund redoutait.

En effet, grâce à la tournée de Freud et de ses deux compères, la psychanalyse allait commencer une glorieuse carrière au pays de l'Oncle Sam. Même si, à cette époque, les Américains s'intéressaient surtout au grabuge provoqué par le vote du Payne-Aldrich Act concernant la très protectionniste augmentation des tarifs douaniers. Rares furent les journaux qui consacrèrent quelques lignes à la visite de New York par un certain professeur autrichien dont ils écorchèrent le nom devenu « Freund » sous la plume de plusieurs journalistes : aimable lapsus (*freund* signifiant « ami » en allemand). En revanche, les milieux intellectuels — médecins et universitaires — accueillirent très cordialement leur confrère viennois, lui manifestant leur estime en lui décernant, ainsi qu'à Jung, le titre de docteur *honoris causa*, de l'université Clark de Worcester. À chacune de ses conférences, Freud fut chaleureusement applaudi. Il est vrai qu'il avait mis une prudente sourdine à ses propos sur l'importance de la sexualité. De même fit-il l'impasse sur son interprétation des rêves qui risquait de paraître un peu futile aux yeux des scientifiques anglo-saxons, formés à l'école du pragmatisme pur et dur. Résultat, l'auditoire américain ne prit guère conscience du caractère subversif de la psychanalyse dont Freud ne leur avait présenté qu'une version épurée — « clean » ou « soft », dirait-on aujourd'hui — comme s'il avait décidé d'opérer lui-même la censure qu'il redoutait de la part des Américains. Finalement, ce fut le doyen de l'université de Toronto — invité en voisin — qui résuma le sentiment général en ces termes : « Freud s'est fait l'avocat du mariage libre, de la levée de toute contrainte et du retour à l'état sauvage » : autant de principes libérateurs auxquels aurait pu souscrire n'importe quel cow-boy du Far West. Mais était-ce bien là le véritable message de Freud ?

À vrai dire, on était en plein quiproquo. Après avoir tressé des couronnes à Freud et à la psychanalyse, les Américains, toujours pragmatiques, allaient exploiter les théories du Viennois pour en faire une pratique thérapeutique. Le divan devenant pour eux une sorte de table d'opération destinée à la chirurgie de l'âme. Freud ne pardonnera jamais aux Yankees de s'être ainsi rendus coupables de contrefaçon, comme cela se produit aujourd'hui pour les copies frauduleuses des produits de grande marque. À ses yeux, la psychanalyse ne pouvait être qu'exclusivement freudienne, et donc inimitable. D'où sa haine pour les Américains qu'il exprimera de façon très ambiguë, sous la forme d'un curieux cocktail de sentiments variés : une bonne dose de rancune, avec une même proportion de jalousie. Sans oublier une forte giclée de mauvaise foi. Le tout pouvant s'étiqueter « américanophobie ». Pendant toute sa vie, Freud ne reculera devant aucun argument — y compris les plus saugrenus — pour justifier son rejet de l'Amérique.

Selon son biographe, Ernest Jones, l'anti-américanisme de Freud serait dû à ce que l'on pourrait appeler une querelle « intestine ». En effet, Jones raconte, sans sourire, que « Freud lui-même attribuait son aversion pour les États-Unis à de persistants troubles intestinaux provoqués par la cuisine américaine ». On sait aussi — grâce au palpitant témoignage de Jung sur les commentaires que ces distingués savants se communiquaient, chaque jour, pendant leur voyage, sur la fréquence de leurs très estimables selles — que : « Tous trois [souffraient] de diarrhées et de maux d'estomac plus ou moins violents. »

Troubles éminemment fâcheux qui ne peuvent que susciter la compassion. Sans doute les grands penseurs nous livrent-ils ces confidences sur le fonctionnement de leurs entrailles afin de nous convaincre qu'ils demeurent des hommes comme les autres. Argument évidemment plus accessible au commun des mortels que les douze essais de Freud sur la *Métapsychologie.*

Pour le cas où ces considérations scatologiques ne nous auraient pas convaincus, Freud invoque aussi les problèmes urinaires liés à sa prostate vieillissante. Se plaignant notamment de la diabolique manie qu'auraient les Américains de rendre les vespasiennes inaccessibles aux gens pressés de se soulager : « On vous escorte à travers des kilomètres de corridors, on vous conduit, à la fin, jusqu'au sous-sol. Là, vous trouvez un palais de marbre, et il est pour vous grand temps d'y arriver. » Eh oui, c'est du Freud, toujours soucieux de justifier son ressentiment envers l'Amérique par des motifs qui — aussi triviaux soient-ils — lui paraissaient absolument irréfutables.

C'est en vain que ses amis essayèrent de lui faire admettre que ses troubles physiologiques étaient bien antérieurs à son voyage. Peine perdue. Sigmund invoquait alors d'autres griefs : en particulier le comportement désinvolte qu'avaient eu à son égard les universitaires américains. Habitué à se faire appeler « Monsieur le Professeur » par ses compagnons les plus proches, il avait mal supporté d'avoir été soudain abordé par de grands diables hilares qui lui mettaient la main sur l'épaule en le nommant « *Dear Sigmund !* ». Il en avait été d'autant plus contrarié que, s'exprimant difficilement en anglais, il n'avait pu leur imposer le fond de sa pensée et, par là même, son ascendant. Car finalement, comme on l'aura compris, si Freud détestait les Américains, c'est parce que leur aisance le complexait. Le Maître ne se sentait vraiment sûr de lui qu'avec les personnes qu'il dominait. Mais ce n'est évidemment pas le genre d'argument qu'il aurait accepté de se servir à lui-même. Pourtant cette explication est confirmée par Ferenczi qui, mieux que quiconque, connaissait son Freud par cœur : « Peut-être son mépris pour les Américains n'était-il qu'une réaction contre sa propre faiblesse qu'il ne pouvait ni nous cacher ni se dissimuler à lui-même. »

Quelques jours avant son départ pour les États-Unis, Freud s'était, semble-t-il, volontairement placé dans cette disposition d'esprit, propre à ce que l'on peut appeler son complexe américain. C'est à Ferenczi, déjà, qu'il avait écrit, le 9 août 1909, qu'il se sentait « définitivement inapte aux préparatifs pour l'Amérique. Ce qui — dit-il — illustre bien ces profondes paroles de *La Flûte enchantée* : "Je ne puis te contraindre à m'aimer." L'Amérique ne me dit rien », concluait-il. De fait, pendant de longues années, Sigmund restera sourd à tout ce qui viendra d'outre-Atlantique, investissant plutôt son énergie dans le développement européen de la psychanalyse. Tel sera le but de la savante stratégie élaborée — non sans anicroches — au sein de son Comité secret (voir page 36). La guerre de 1914-1918 imposera une pause à toutes ces intrigues.

Elle aurait pu, aussi, étouffer sous la cendre les sentiments anti-américains de Freud. Il n'en fut rien. Bien au contraire. Les succès grandissants que la psychanalyse allait connaître aux États-Unis attiseront de plus belle les vieilles rancunes de Sigmund. Quelles raisons avait-il donc de craindre cette réussite ? Au lendemain de la Grande Guerre, tandis que les robes des femmes raccourcissent et que les chignons sont sacrifiés à grands coups de ciseaux pour faire place aux coiffures « à la garçonne », la psychanalyse, entraînée dans ce tourbillon, va jeter, elle aussi, son corset par-dessus les divans. On la retrouvera célébrée à la une des journaux, galvaudée dans les annonces publicitaires et compromise dans les faits divers.

Ainsi Freud, à sa grande surprise, allait-il bientôt être sollicité comme expert dans une affaire de meurtre commis à Chicago. Deux jeunes gens de bonne famille, Léopold et Loeb, y avaient commis un crime qui donna lieu, en juin 1924, à un procès retentissant. Freud reçut de William Hearst — le magnat de la presse américaine immortalisé par Orson Welles dans *Citizen Kane* — une invitation à se rendre aux États-Unis afin de psychanalyser les assassins, pour que leurs avocats puissent les sauver de la chaise électrique. Sigmund était libre de fixer lui-même ses honoraires. En outre, Hearst se déclarait prêt à affréter un bateau privé pour que son invité puisse voyager comme un nabab. Freud rejeta cette offre. De même, il refusa la surenchère du *Chicago Tribune* qui lui proposa plusieurs dizaines de milliers de dollars pour venir simplement assister au procès et interpréter le comportement et les motivations des deux accusés. Avec noblesse, Freud invoqua l'éthique : « On ne peut s'attendre à me voir donner une opinion experte sur des gens et sur l'action qu'ils ont commise, alors que je ne suis pas en mesure de mener un examen personnel. »

On notera au passage que Sigmund savait défendre fermement ses principes, fût-ce au détriment de ses intérêts matériels. Il en donnera encore la preuve en repoussant le projet du producteur hollywoodien Samuel Goldwyn, qui lui proposait une somme de cent mille dollars pour rédiger un scénario sur les amours d'Antoine et Cléopâtre (voir page 44). Et pourtant, autre source d'ambiguïté, Freud a souvent des rapports contradictoires avec l'argent. S'il aime en gagner beaucoup, c'est pour le dépenser, avec générosité, et non pour le thésauriser. Encore moins pour spéculer. D'où, en son for intérieur, une raison supplémentaire d'en vouloir aux Américains. Il va trouver dans leur culte du dollar un nouveau prétexte à sa répulsion envers ce pays qu'il appelle « Dollaria ».

Mais, tout en exprimant son dédain pour l'arrogance que les Américains puisent dans le fétichisme du billet vert, il ne parvient pas à dissimuler complètement l'envie qui se cache sous son mépris : « L'Amérique, écrit-il à Jones, n'a d'autre utilité que de nous procurer de l'argent. » Voilà qui nous aide à comprendre l'ambivalence des réactions de Freud à l'égard du dollar. De même qu'il jalouse inconsciemment le comportement décontracté des Américains, Freud aimerait bien posséder leur génie des affaires. Certes, il qualifie ce talent d'« escroquerie », mais il ne repousse pas l'idée d'avoir sa part du gâteau. « Toute la popularité dont la psychanalyse jouit aux États-Unis — écrit-il à Ferenczi en 1922 — ne nous a procuré le soutien financier d'aucun de nos oncles d'Amérique. »

Voilà qui nous aide à mieux comprendre l'ambiguïté des réactions de Freud face au dollar. Il avait tout simplement l'impression que les Américains faisaient fortune sur son dos en exploitant sa découverte. De fait, vulgarisée, mise à toutes les sauces, souvent pratiquée par des charlatans, la psychanalyse était devenue, aux États-Unis, un business, une affaire de fric. Mais voici que se préparait un violent retour de balancier qui allait sérieusement mettre en péril la psychanalyse freudienne : pouvait-on être psychanalyste sans être médecin ?

Le premier rappel à l'ordre se produisit en Angleterre. Un patient se suicida peu de temps après avoir commencé une analyse. « On vit là — raconte Ernest Jones — une preuve des dangers de la psychanalyse : ou bien elle rendait les gens fous, ou elle les envoyait à la mort. » Une campagne de presse menée sur ce thème par le très sévère *Times* de Londres réclamait vigoureusement une enquête médicale sur les méfaits de la psychanalyse. L'un des opposants les plus acharnés n'étant autre que lord Alfred Douglas — l'ex-amant d'Oscar Wilde — qui s'était racheté une conduite en présidant une ligue catholique de vertu.

Un peu plus tard, c'est au cœur même de Vienne — dans « La Mecque » de la psychanalyse — que l'un des adeptes de Freud, Theodor Reik, est poursuivi pour charlatanisme au motif qu'il pratique cette thérapie alors qu'il n'est pas médecin. Or, les Américains allaient, à leur tour, peser de tout leur poids dans cette querelle. Dès 1925, Abraham Brill, le pionnier de la psychanalyse aux États-Unis, avait publiquement désapprouvé ce que l'on allait appeler la « psychanalyse profane » : celle qui est pratiquée par des non-médecins. À son instigation, une loi fut votée dans l'État de New York, n'autorisant l'exercice psychanalytique qu'aux seuls médecins. De son côté, la puissante Association médicale américaine lança un avertissement à ses membres pour les mettre en garde contre toute coopération avec des analystes non médecins, ce qui aboutissait à un véritable boycott.

Freud ne tarde pas à se jeter dans la mêlée. Il précise sa position personnelle dans un texte où il prend vigoureusement position en faveur de l'analyse profane. Avec d'autant plus de panache qu'il est lui-même médecin. Mais il ne faut pas oublier qu'il a au moins trois bonnes raisons de défendre l'analyse pratiquée par des non-médecins. D'abord, il ne supporte pas que les Américains s'arrogent le droit de légiférer dans un domaine où — tel Moïse — il est, lui seul, gardien des Tables de la Loi. Ensuite, il nourrit à l'encontre du corps médical une profonde rancune inspirée par le mépris et l'incrédulité que lui ont manifestés ses confrères viennois. Lesquels l'ont littéralement injurié quand il leur a exposé ses théories, au début de sa carrière. Enfin, et surtout, il craint qu'en s'attribuant le monopole de la pratique psychanalytique, les médecins — selon son expression — n'en fassent « la bonne à tout faire de la psychiatrie ».

En revanche, ce que Freud combat par-dessus tout, c'est ce qu'il appelle la « psychanalyse sauvage », celle qui est exercée par des imposteurs — qu'ils soient médecins on non-médecins — insuffisamment formés à l'analyse. C'était justement le cas de nombreux Américains qui faisaient le voyage à Vienne pour s'y allonger pendant quelques heures sur le divan d'un psychanalyste et qui, rentrés aux États-Unis, se remplissaient les poches de dollars après avoir vissé sur la porte de leur studio new-yorkais une plaque de cuivre indiquant « Psychanalyste formé à l'École de Vienne ».

Otto Rank — lorsqu'il était encore considéré comme l'un des disciples de Freud — fut complice de ces escrocs qu'il formait à la sauvette dans la capitale autrichienne. À Jones qui s'inquiétait de cet avilissement de la psychanalyse, Otto répondit froidement : « Il faut bien vivre. » Tenté d'exploiter lui-même le filon américain, il s'embarquera à son tour pour les États-Unis où, pendant quelque temps, il fera effectivement fortune. Bizarrement, Freud l'avait encouragé dans cette voie, en l'incitant à réclamer des honoraires faramineux à ces « sauvages » [les Américains], auxquels, disait le Maître : « La psychanalyse convient aussi bien qu'une chemise blanche à un corbeau. »

Apparemment, elle ne leur convenait pourtant pas si mal. En quelques années, les États-Unis allaient devenir le pays comptant le plus grand nombre de psychanalystes. Freud ne s'en réjouit guère : « Le modèle américain remplace la qualité par la quantité », écrit-il à Frankwood Williams, organisateur d'un congrès de psychanalyse aux États-Unis. Voilà qui résume assez bien la cause réelle de l'hostilité anti-américaine de Freud : la peur des excès qui caractérisent ce pays — trop d'argent, trop de facilités, trop de réussites, trop de psychanalystes et, parmi eux, trop de charlatans. Finalement, c'est à Peter Gay que revient le mérite d'avoir décelé, avec le plus de finesse, la nature complexe des rapports entre la psychanalyse et les États-Unis : « Un tel pays — écrit-il — ne pouvait que rejeter les vérités non conventionnelles et peu plaisantes de la psychanalyse. Ou bien les étreindre, au point de les étouffer. » Telle aurait été la cause prémonitoire de l'anti-américanisme de Freud. Son agressivité envers les Américains résulterait d'une sorte de réaction contre l'asphyxie de ses théories.

On sait que cette crainte a poussé Sigmund jusqu'à la plus extrême agressivité. Au point — comme en témoigne Paul Roazen — que l'on découvrira peut-être, cachées dans les archives, d'autres critiques formulées par Freud à l'encontre des Américains : « Il se peut, dit-il, que beaucoup d'eau coule encore sous les ponts avant que nous n'apprenions le pire sur ce qu'il avait à dire de ce pays. Car, dans l'intérêt du mouvement psychanalytique aux USA, on a délibérément censuré certaines de ses lettres. » Le summum semblait pourtant avoir été atteint avec la contribution de Freud au « portrait psychologique » du président Woodrow Wilson. Une mystérieuse histoire. « L'œuvre la plus baroque de Freud — écrit Gérard Miller dans la préface à l'édition française de l'ouvrage. Un Freud étonnant, quasi brechtien, et qui se met à parler de la politique à la manière de Machiavel et d'Alfred Jarry. »

Pourquoi s'être laissé entraîner dans une affaire aussi suspecte ? Il semble que Freud, focalisant sur Wilson sa haine des Américains, n'ait pas bien eu conscience d'avoir été complètement manipulé par l'instigateur du projet : William Bullitt. Un homme exceptionnel dont la carrière aurait pu inspirer un film hollywoodien, avec Douglas Fairbank dans le rôle de ce Bullitt. Spécialiste des intrigues politiques internationales, ce diplomate rejoindra Woodrow Wilson lorsque celui-ci sera élu vingt-huitième président des États-Unis, en 1913. À la fin de la Première Guerre mondiale, il participe aux négociations du traité de Versailles, avant d'être envoyé, secrètement, à Moscou, où il prendra contact, lui, le parfait du capitaliste, avec Lénine et les autres dirigeants de la révolution soviétique.

La vie intime de Bill Bullitt, aussi agitée que sa carrière, le conduira à Vienne, pour une cure psychanalytique sur le divan de Freud dont il deviendra l'ami. Nommé ambassadeur des États-Unis à Paris, il sera, en 1938, l'artisan décisif du départ de Sigmund et des siens quand il leur faudra fuir le régime nazi. Voilà le personnage qui, en mai 1930, se rend à Berlin pour y rejoindre Freud. Ce dernier est venu s'y soumettre aux soins du Pr Schroeder, célèbre stomatologiste, qui doit implanter une nouvelle prothèse dans sa bouche rongée par le cancer. Sigmund, affaibli, souffre terriblement. Pourtant, il ne résiste pas à la proposition de Bullitt : rédiger ensemble une biographie du président Wilson, Freud se chargeant du portrait psychologique et Bill de la partie politique.

Sigmund commence par renier les principes éthiques qu'il avait invoqués, six ans auparavant, quand il avait refusé de se rendre à Chicago où on l'invitait à interpréter le comportement des deux assassins, Leopold et

Loeb. Refus motivé, selon lui, par le fait qu'il lui était impossible de formuler une opinion sur quelqu'un qu'il ne pouvait examiner personnellement. Pourquoi n'a-t-il pas fait preuve des mêmes scrupules à l'égard de Wilson ? Apparemment, pour des questions d'argent.

En effet, les affaires de Freud n'étaient alors guère plus brillantes que sa santé. Ses éditions psychanalytiques — connues sous le nom de *Verlag* — traversaient une nouvelle crise financière, d'autant plus inquiétante que le cher Max Eitingon, le généreux sponsor des entreprises freudiennes, venait de subir de plein fouet le contrecoup du krach de Wall Street. Finies les largesses du bienfaiteur ! C'est dans ce contexte peu reluisant qu'intervint la proposition de William Bullitt concernant la rédaction du livre sur Wilson : une aubaine pour Freud qui allait bientôt recevoir, des éditeurs américains, une avance de dix mille dollars sur ses futurs droits d'auteur. Coquette somme que Sigmund dut empocher en ravalant ses rancœurs contre les « barbares du dollar ». Lesquels, en l'occurrence, s'offraient ainsi, au prix fort, une cruelle revanche. Cette vexation, Freud allait, à son tour, la faire payer très cher aux mânes du président Wilson.

Curieux bonhomme que ce Woodrow Wilson qui fait plutôt bonne figure face aux jugements de la postérité. Élu président des États-Unis en 1913, il porte à son actif une loi antitrust, une réforme du système bancaire, l'interdiction du travail des enfants. Bref, il acquiert assez rapidement la réputation d'un réformiste généreux. Quand, en 1914, la guerre éclate en Europe, il se révèle un ardent pacifiste, préservant aussi longtemps que possible — jusqu'en 1917 — la neutralité de son pays. C'est lui, enfin, qui encourage la convocation de la conférence de la paix, en 1919, et qui obtient la création de la Société des Nations qui préfigurera l'O.N.U. Le prix Nobel de la Paix viendra consacrer sa popularité. À première vue, donc, une carrière honorable et assez bien remplie. C'est, du moins, ce qu'en retient l'histoire, telle qu'elle est enseignée aux jeunes Américains.

Mais en grattant un peu le vernis de ce portrait officiel, apparaît peu à peu la figure d'un borgne qui soigne ses aigreurs d'estomac en se plongeant dans la lecture de la Bible au moins deux fois par jour. Fils de pasteur presbytérien, Wilson est bigot, timide avec les dames. Mais dictatorial à l'égard de son entourage et peu brillant en société. Theodore Roosevelt dira de lui qu'il ressemblait trop à un préparateur en pharmacie pour être élu président des États-Unis. Tel est l'homme que Freud et Bullit vont déboulonner de son piédestal.

En expert de la chose politique, Bill Bullitt décline impitoyablement les énormes gaffes commises par son président, assez fou pour se croire élu de Dieu à la tête des États-Unis. Au soir de sa victoire électorale, il jette à la face de McCombs, son directeur de campagne : « Que vous ayez fait peu ou beaucoup pour mon élection, souvenez-vous que Dieu a voulu que je sois président des États-Unis et que ni vous ni aucun mortel n'auriez pu l'empêcher ! » En mai 1915, il prônera la non-intervention des États-Unis dans le conflit européen, alors que cent vingt-quatre citoyens américains viennent d'être envoyés par le fond à bord du paquebot britannique *Lusitania,* torpillé, sans sommation, par un sous-marin allemand. Il faut dire qu'à cette époque Wilson est tellement accaparé par sa nouvelle fiancée qu'il néglige un peu les affaires publiques.

En 1919, il favorisera, sans l'ombre d'une hésitation, l'annexion, par l'Italie, de toute la partie du Trentin qui s'étend jusqu'au col du Brenner. Du même coup, il raye d'un trait de plume la nationalité de milliers d'Autrichiens de sang allemand, sacrifiés à sa totale ignorance de la géographie. Un peu plus tard, il trahit son antisémitisme latent en prononçant, au cours d'une réception officielle à la Maison-Blanche, un discours évoquant la « race juive ». Propos qui réjouissent ses adversaires, mais qui plongent ses partisans dans la consternation.

Ayant été l'un des plus proches conseillers du président américain, Bill Bullitt pouvait se vanter d'avoir été le témoin direct des faits qu'il reprochait à Wilson. En fait, sous couvert d'objectivité, il n'avait d'autre souci que de se dédouaner lui-même de la fâcheuse réputation que lui avait value son attitude en mai 1919. À cette époque, il avait brusquement démissionné de ses fonctions au sein de la délégation américaine qui négociait le traité de Versailles. Désavouant Wilson — dont il était le conseiller direct — il avait accompagné sa lettre de démission d'un message accablant de critiques le président américain. Et, veillant à ce que son coup d'éclat ne passe pas inaperçu, il avait communiqué le tout à la presse. *Shocking !* Ce déballage intempestif — tout à fait contraire aux usages diplomatiques — avait profondément scandalisé la classe politique.

Bullitt sentit alors que l'avenir de sa carrière risquait d'être irrémédiablement compromis. Il lui fallait donc prouver que sa fracassante démission n'avait pas été le geste d'un fou, encore moins celui d'un traître. C'est ainsi que germa dans son esprit l'idée machiavélique de publier une biographie de Wilson. En révélant la véritable personnalité du président, et en faisant cautionner son réquisitoire politique par une analyse psychologique signée de la main du grand Sigmund Freud, il regagnerait assurément — croyait-il — la considération des gens de son milieu.

Hélas, ce coup de maître de Bullitt deviendra le coup tordu de Freud, aussitôt considéré comme le complice d'un indigne règlement de comptes. Sous la plume de Sigmund, Wilson est présenté comme un pauvre malade, incapable de prendre personnellement la moindre initiative, totalement soumis à l'autorité de son père. Explication du psychanalyste : le président n'a jamais surmonté son complexe d'Œdipe. Au point d'être resté vierge jusqu'à l'âge de vingt-huit ans. Du coup, son mariage puis son remariage après la mort de sa première femme sont interprétés par Freud comme la recherche d'un substitut de la mère. « Son narcissisme et son surmoi — insiste Sigmund — l'empêchent d'accomplir tout acte pouvant compromettre sa carrière. Il échappe à ce conflit en se réfugiant dans ses symptômes neurasthéniques habituels. »

Freud enchaîne en ironisant sur le mysticisme de Wilson, ce « prédicateur pédant », qui finit par se prendre pour « le sauveur du monde » : « Guidé — selon les propres termes du Président — par une puissance douée d'intelligence qui se trouvait hors de lui. » « Dans son esprit, affirme Sigmund, Wilson était le Christ. Il existe, dit-il, un rapport étroit entre l'aliénation de Wilson au monde réel, et ses convictions religieuses. » Ainsi Freud assimilera-t-il les principes de Wilson à ceux de la *Christian Science* : Dieu est bon, la maladie vient du mal... Par conséquent, puisque Dieu existe, la maladie n'existe pas. Prétendant être en communication directe avec Dieu, Wilson nie, lui aussi, l'existence de son propre mal — celui de sa maladie — mais également ce mal universel qu'est la guerre. D'où sa volonté, vaine, de voir son pays rester neutre face au conflit européen.

Au fil des pages, Freud semble soudain avoir été pris de scrupules, comme s'il regrettait d'être allé trop loin dans la médisance. Aussi essaye-t-il d'expliquer les raisons de ce qu'il appelle très explicitement son « antipathie pour Wilson » : « Quand un homme — écrit-il — réalise le contraire de ce qu'il désirait accomplir... Lorsque sa prétention de délivrer le monde du mal ne réussit qu'à donner une preuve supplémentaire du danger qu'un fanatique fait courir au bien public, il ne faut pas s'étonner que l'observateur éprouve une méfiance qui rend la sympathie impossible. »

Malgré ces explications emberlificotées, on est presque tenté d'applaudir à la pertinence du propos. Mais pourquoi, diable, Freud s'est-il cru obligé de recourir à la psychanalyse pour exprimer un jugement dont les causes profondes remontent à de lointains souvenirs de nature historique ? En effet, ce reflux du passé concerne plus directement la psychologie personnelle de Freud que celle de Wilson. Sigmund en donne lui-même la clef dans une lettre à Ferenczi, datant du 16 octobre 1918, après que le président américain eut mollement répondu à la proposition de paix des Allemands et des Autrichiens : « Sous quel jour Wilson apparaîtra-t-il finalement ? s'interroge Sigmund. C'est toute la question. Je n'espère rien de bon de lui. » Dès lors, Freud n'avait cessé de penser que l'Américain avait trompé l'Europe en lui faisant des promesses qu'il n'avait pas tenues. L'Autrichien ne lui avait jamais pardonné d'avoir trahi l'idéal dont s'était réclamé le président des États-Unis. Et cela ne cessa de peser lourd dans son anti-américanisme.

Ainsi l'implacable rancune que Sigmund vouait à Wilson et à ses concitoyens avait-elle mijoté pendant des décennies. Elle ne fut vraiment connue du public international que très tardivement. Il fallut pour cela attendre la publication de la monumentale biographie de Freud rédigée par Ernest Jones, en 1957. Quant au fameux livre sur Wilson que Sigmund cosigna avec Bullitt, il ne parut qu'en 1961. Au total, près d'un demi-siècle de bouillonnement avant que la marmite ne déborde.

De même, c'est une cinquantaine d'années après la mort de Freud qu'est apparu, aux États-Unis, le mouvement antifreudien qui a abouti, en 1995, à l'ajournement de la célébration du centenaire de la psychanalyse. Une fronde dont l'ampleur est encore trop limitée pour que l'on puisse l'interpréter comme une revanche des

Américains sur le mépris que Freud leur avait manifesté. Pourtant, constate, dans le *Herald Tribune*, le Pr Richard Schweder, de l'université de Chicago, Freud a maintenant beaucoup d'ennemis aux États-Unis : des biologistes, des généticiens, des épistémologistes, des philosophes, des féministes... bien plus nombreux que la poignée de contestataires ayant signé la pétition qui a mis le feu aux poudres. Soit ! Mais on peut imaginer ce que ressentirait aujourd'hui le vieux Sigmund en découvrant — parmi les quarante-deux auteurs de ce brûlot — le nom d'une certaine Sophie Freud : sa propre petite-fille. Celle-ci est loin de partager l'antipathie exprimée par son grand-père à l'encontre des États-Unis. Au contraire, installée à Boston comme spécialiste d'hygiène mentale, elle affirme qu'elle a plus facilement assumé dans ce pays l'« embarrassante hérédité » liée au nom qu'elle porte.

## IV

## *Le flirt de Jung avec le diable*

Le 30 janvier 1933, Hitler accède au poste de chancelier du Reich. Il lui faudra moins de deux mois pour se faire accorder les pleins pouvoirs avec le titre de Reichsführer : « Guide du peuple allemand ». C'est le triomphe de l'ordre nazi. Les lois antisémites, supprimant les droits civiques des juifs, suivront de peu l'incendie du Reichstag. L'état d'urgence est proclamé et, le 26 avril, l'un des proches de Hitler, Hermann Goering, maréchal de l'air et ministre de l'Aviation, crée la sinistre police politique : la Gestapo.

Les organisations scientifiques n'échappent pas à la purge idéologique qui place toutes les activités du pays sous contrôle nazi. La psychanalyse, qualifiée de « science juive », est condamnée au bûcher. Le 10 mai 1933, les œuvres de Freud sont publiquement jetées au feu, en plein cœur de Berlin. Mais Freud n'avait pas attendu cette démonstration symbolique pour tenter de sauver la Société allemande de psychanalyse. Dès le 17 avril, il avait autorisé le président de cette organisation — le juif Max Eitingon — à céder sa place à l'aryen Félix Boehm.

Un autre groupement, la Société allemande de psychothérapie, rebaptisée Société internationale médicale de psychothérapie, compte alors dans ses rangs de nombreux psychanalystes de diverses nationalités. Mais elle est totalement indépendante de l'école freudienne. Elle bénéficie néanmoins d'une incontestable renommée auprès de neurologues et de psychiatres du monde entier. Son président, l'Allemand Ernst Kretschmer, est assisté par un vice-président, le Suisse Carl Gustav Jung. Kretschmer est juif. Lui aussi doit démissionner. Et c'est l'aryen Jung qui lui succède, à la demande de ses collègues. Il est censé leur apporter la garantie de sa neutralité helvétique. Funeste illusion. Car les nazis ont pris soin de confier le contrôle des activités psychiatriques du Reich à un certain Dr Matthias Heinrich Goering, surnommé « Papi ». Jusqu'alors neuropsychiatre dans la petite ville de Wuppertal, il n'a d'autre réputation que d'être le cousin de l'autre Goering, Hermann, le bras droit de Hitler. D'où sa soudaine promotion.

Dès lors, Jung est littéralement piégé. Sa marge de manœuvre à la tête de la Société internationale est pratiquement nulle. Il en fera la cruelle expérience dès le mois de décembre 1933. C'est à cette date que paraît la nouvelle formule de la revue *Zentralblatt für Psychotherapie* éditée par la société désormais présidée par Jung. Ce dernier, résidant en Suisse, à Zurich, supervise de loin la réalisation des pages destinées à l'édition internationale et incluant son éditorial dans lequel il prend soin d'insister sur le caractère scientifique et apolitique de la revue. Or stupeur ! Quand il reçoit le premier exemplaire imprimé en Allemagne, à Leipzig, Jung constate que sa signature voisine avec celle du Dr Goering. Lequel recommande cyniquement à ses lecteurs de se reporter au *Mein Kampf* de Hitler pour y trouver les bases d'une meilleure connaissance des comportements humains.

L'affaire fait l'effet d'une bombe dans les milieux psychanalytiques déjà bouleversés par l'anathème dont ils font l'objet de la part des nazis. L'association des noms de Jung et de Goering apparaît comme une infâme trahison. En Suisse, l'événement déclenche contre Jung — selon ses propres termes — une véritable « chasse à courre ». On l'accuse d'avoir pactisé avec le diable. Il proteste en écrivant au rédacteur en chef de la revue pour lui reprocher « la gaffe diplomatique et l'erreur tactique regrettable » commises à l'encontre des abonnés étrangers en publiant le manifeste de Goering. Bref, il réagit assez mollement. Et surtout, grave erreur, il ne démissionne pas.

Plus surprenant encore, quelques semaines plus tard, en janvier 1934, dans un nouvel éditorial du *Zentralblatt*, Jung se lance dans une obscure comparaison entre psychologie juive et psychologie aryenne. Texte équivoque où l'inconscient aryen, encore proche — selon Jung — d'un état de « jeunesse barbare », est opposé à l'inconscient juif dont les racines sont aussi profondes que celles de la psychologie chinoise. Dans le contexte politique de l'époque, et survenant immédiatement après l'affaire du manifeste de Goering, l'article du Suisse n'est plus considéré comme une simple gaffe, mais comme une provocation. La chasse à courre reprend de plus belle. Jung est taxé d'antisémitisme. Au nom de ses confrères suisses, un psychiatre, le Dr Gustav Bally, publie dans la presse un texte incendiaire dans lequel il s'étonne que le fondateur de la psychologie des profondeurs ait accepté de présider une association qui semble avoir pour vocation d'éliminer les juifs et de relayer la propagande nazie.

Jung s'explique alors publiquement dans le même journal, le *Neue Züricher Zeitung* : « Je me suis trouvé confronté à un conflit moral. Devais-je, prudent et neutre, me retirer en sécurité de ce côté-ci de la frontière, vivre en toute innocence sans m'impliquer, ou devais-je — comme j'en étais bien conscient — risquer d'être attaqué, risquer l'inévitable incompréhension à laquelle n'échappe pas celui qui, pour des raisons d'ordre supérieur, est entré en relation avec le pouvoir politique en Allemagne aujourd'hui ? »

Quels sont ces « intérêts supérieurs » au nom desquels Jung accepte de prendre des coups ? Il les révèle dans une lettre qu'il adresse, le 28 mars 1934, au Dr Max Guggenheim, de Lausanne. « En tant que psychothérapeute, écrit-il, je ne peux rester indifférent à l'avenir de la psychanalyse. Freud m'a dit un jour, très justement : “Le destin de la psychanalyse se jouera en Allemagne.” Dans un premier temps, poursuit Jung, elle semblait vouée au naufrage complet, parce qu'elle était considérée comme étant entièrement juive. J'ai brisé ce préjugé par mon intervention et j'ai ainsi rendu l'existence possible aux psychanalystes “aryens”, mais aussi aux juifs. »

Là serait donc la clef du mystère. Si Jung a délibérément pris le risque d'apparaître, aux yeux de la postérité, comme un suppôt du nazisme et de l'antisémitisme, c'est pour assurer la survie de la psychanalyse. Et cela au nom de Freud. Hypothèse pour le moins paradoxale quand on sonde l'océan de haine qui, à cette époque, et depuis déjà des décennies, séparait Freud et Jung.

C'est l'histoire avortée d'une grande passion. Elle commence en 1902. Carl Gustav Jung n'a alors que vingt-sept ans. Il est l'assistant d'un célèbre psychiatre de Zurich, Eugen Bleuler, et il vient de lire *L'Interprétation des rêves* de Freud. Enthousiasmé, il suggère à son patron de s'intéresser à la psychanalyse. Deux ans plus tard, Bleuler prend lui-même contact avec Freud pour lui faire part des travaux de son équipe. Jung joue alors le rôle d'agent de liaison entre Zurich et Vienne. À partir de 1906, et pendant près de sept ans, il échangera une correspondance assidue avec le fondateur de la psychanalyse. Mais les deux hommes ne se rencontreront qu'en 1907, le dimanche 27 février, à dix heures du matin, au domicile de Freud. Ce sera un véritable coup de foudre.

Ils avaient tellement de choses à se dire qu'ils ne virent pas le temps passer. C'est l'heure du déjeuner qui, trois heures plus tard, interrompra leur bavardage.

Par la suite, Sigmund ne tardera pas à décider que Carl Gustav serait son dauphin. N'hésitant pas à l'appeler son « fils ». Et provoquant ainsi les jalousies de ses autres disciples, mortifiés. D'où une antipathie croissante, et réciproque, entre la garde viennoise du Maître et son héritier zurichois qui, en retour, ne leur dissimule pas son mépris. Ses relations sont encore plus venimeuses avec Karl Abraham. Cet ancien élève de Bleuler, auprès de qui il fut le condisciple de Jung, fit de brillantes études à Zurich. Mais, en tant qu'Allemand, il ne pouvait s'installer en Suisse. Aussi est-ce à contrecœur qu'il décida de partir pour Berlin où il devint l'un des pionniers de la psychanalyse, tout dévoué à Freud. Non sans entretenir une implacable rancune à l'encontre des Suisses, de Bleuler et de Jung, par lesquels il s'était senti rejeté.

Il n'est donc pas surprenant qu'en 1908, éclate un conflit entre Jung et Abraham à propos d'une banale histoire de publication. Or Freud intervient alors en faveur du Suisse. Il va même jusqu'à sermonner Abraham dans une lettre qui dévoile sa stratégie concernant l'avenir de la psychanalyse et le rôle clé qu'y occuperont les Zurichois : « Nos amis aryens nous sont indispensables, écrit-il. Sans eux, la psychanalyse serait victime de l'antisémitisme. » Révélation fondamentale. Elle prouve que Freud n'a pas seulement jeté son dévolu sur Jung par pure sympathie, mais aussi en vertu d'un froid calcul visant à confier le destin de la psychanalyse à un aryen. Ce faisant, il paraît justifier — avec vingt-six ans d'avance — l'attitude qu'adoptera Jung, en 1934, lorsqu'il invoquera la défense des « intérêts supérieurs de la psychanalyse » face à la menace nazie.

Si, dès 1908, Freud imagine cette stratégie défensive,

c'est parce que les attaques ignobles contre ses théories n'ont pas attendu l'avènement de Hitler pour se manifester. Et pas seulement en Allemagne. C'est précisément en 1908 qu'un pasteur australien, le révérend Donald Frazer, fut la première victime du déferlement de haine qui allait s'abattre sur la psychanalyse. Il dut renoncer à son sacerdoce pour s'être un peu trop intéressé aux œuvres de Freud jugées licencieuses par les puritains de Sydney.

Dans l'Empire allemand de Guillaume II, de semblables poussées d'intolérance couvaient depuis déjà quelques années dans les sphères médicales. En 1910, elles explosent au grand jour. Au congrès de psychiatrie de Hambourg, une notabilité universitaire, le Pr Weygandt, rejette fermement l'idée que la psychanalyse puisse même être seulement évoquée dans une assemblée scientifique. Selon lui : « C'est la police qui devrait s'en occuper ! » En février 1911, en Hongrie, lors d'une conférence de la Société médicale de Budapest, l'auditoire injurie Sandor Ferenczi, le plus proche disciple de Freud. Qualifiant la psychanalyse de pornographie, la salle, sur l'air des lampions, hurle : « Les psychanalystes en prison ! » Même refrain dans divers colloques, à Berlin, à Baden-Baden, à Halle, à Tübingen... Mais aussi aux États-Unis, à Baltimore, à Boston, à Washington. Les analystes y sont traités de « pervers sexuels », de « psychopathes », d'« obsédés se complaisant dans les cochonneries ».

Réagissant à une nouvelle agression des Allemands publiée dans *La Correspondance médicale*, et préconisant le boycott des établissements où se pratique la psychanalyse, Freud dénonce ce qu'il estime être les vraies motivations de ces attaques : « Entre les lignes, indique-t-il à Ferenczi, vous pouvez encore lire que nous les Viennois, nous ne sommes pas seulement des cochons, mais aussi des juifs. Même si cela n'est pas imprimé. » Aussi, à cette époque, Freud est-il intimement convaincu, comme il le redit à Karl Abraham, que l'entrée de Jung sur la scène de la psychanalyse « a éloigné le danger de voir cette science devenir une affaire juive ».

Jung assume ce rôle de protecteur en toute loyauté. Et cela malgré les critiques que lui attire son engagement aux côtés de Freud. En effet, dès ses premières prises de position en faveur de la psychanalyse, il avait reçu des lettres d'avertissement de plusieurs sommités médicales lui annonçant que son avenir universitaire serait gravement compromis s'il persistait à défendre les théories freudiennes. Il avait néanmoins tenu bon : « Si ce que dit Freud est la vérité, j'en suis ! avait-il noblement répondu à ses détracteurs. Je me moque d'une carrière dans laquelle la vérité serait tue et la recherche mutilée. » Il est alors sincèrement persuadé de la légitimité de la pensée freudienne. Comme il l'écrira rétrospectivement, Freud lui apparaît alors : « Tel un prophète de l'Ancien Testament. Il a — poursuit Jung — entrepris de renverser de faux dieux, de tirer le rideau qui voilait un tas de malhonnêtetés et d'hypocrisies, et de mettre en pleine lumière, sans aucune pitié, la pourriture de l'âme contemporaine. »

Mais en août 1909, lors du voyage en Amérique qu'effectuaient Freud, Jung et Ferenczi, invités par l'université Clark de Worcester, une faille se produisit soudain dans l'admiration que l'apôtre zurichois vouait à son prophète. Et cela, bizarrement, à propos d'un rêve que Freud avait raconté à Jung, un matin, au petit déjeuner, à bord du paquebot *George-Washington* qui les emmenait vers New York. Jung ne trahira jamais le secret concernant le contenu de ce rêve. En 1959, cinquante ans après cet événement, vingt ans après la disparition de Freud et deux ans avant sa propre mort, le vieux sage suisse, alors âgé de quatre-vingts ans, accordera un entretien télévisé à la B.B.C. Malgré l'insistance du journaliste

J. Freeman, il refusera fermement de livrer la clef du songe de Sigmund : « Je ne vous raconterai pas les rêves et les paroles qu'il m'a confiés, dit-il, car les confidences de Freud, même vingt ans après sa mort, relèvent du secret professionnel. »

On sait pourtant, grâce à des écrits antérieurs de Jung, datant d'une époque à laquelle il était moins strict sur le caractère confidentiel de certains propos de Freud, que le fameux rêve trahissait des faits touchant à la vie privée de son compagnon de voyage. Et tout spécialement à la nature des relations de Sigmund avec sa belle-sœur Minna. Dans le souci de livrer à son interlocuteur une interprétation plausible de ces visions nocturnes, Jung demanda à Freud des détails plus intimes. Ce dernier lui lança alors un regard étrange, plein de méfiance, et lui dit : « Je ne puis pourtant pas risquer mon autorité ! » « À ce moment même, il l'avait perdue ! raconte Jung. Cette phrase est restée gravée dans ma mémoire. Elle préfigurait déjà pour moi la fin imminente de nos relations. Freud plaçait son autorité personnelle au-dessus de la vérité. »

Avant même leur embarquement pour les États-Unis, à Brême, où ils s'étaient fixé rendez-vous, en compagnie de Ferenczi, Jung avait été troublé par un incident survenu lors d'une conversation sur les cadavres momifiés que l'on avait trouvés dans la tourbe des marais. Freud s'était écroulé sur sa chaise, évanoui. Il avait vite repris conscience. Mais Jung avait été effrayé de constater que l'émotivité de son maître pouvait aussi facilement le faire tomber en syncope. Peu à peu, le psychiatre suisse observa que le fondateur de la psychanalyse souffrait lui-même d'une névrose : « Bien facile à diagnostiquer, dit-il, avec des symptômes très gênants. »

De son côté, Freud ne semblait absolument pas s'apercevoir de la cassure qui affectait désormais le jugement de Jung à son égard. Ou alors, il le cachait bien. Toujours est-il qu'au congrès de Weimar, en septembre 1911, Sigmund continuera d'apporter un soutien total à son dauphin. Au point qu'Ernest Jones notera, non sans dépit, que les deux hommes s'entendaient le mieux du monde.

C'est en 1912 que les choses commencèrent plus visiblement à se gâter. Dans sa correspondance avec Ferenczi, Freud exprima quelques critiques sur la froideur de Jung et sur son manque de savoir-faire. Leurs relations furent plus distantes. Surtout après un rendez-vous manqué à Kreuzlingen, près de Zurich, où Freud avait été invité par son ami Ludwig Binswanger.

« Quelle que soit l'issue de tout cela, écrit-il le 28 juillet 1912, mon intention de fondre ensemble juifs et goyim [aryens], au service de la psychanalyse, me semble un échec. Ils se séparent comme l'huile et l'eau. » Amer constat. La stratégie défensive sur laquelle Freud avait cru pouvoir assurer l'avenir de la psychanalyse, à savoir l'œcuménisme entre juifs et non-juifs, qui devait s'effectuer sous la houlette du chrétien Carl Gustav Jung — désigné comme son « successeur et prince héritier » —, tout cela s'écroula comme un château de cartes.

Au congrès de Munich qui se tient en septembre 1913, la rupture est consommée. Karl Abraham voit enfin arriver l'heure de la vengeance. Il manœuvre dans les coulisses pour faire échouer la réélection de Jung à la présidence de l'Association internationale de psychanalyse. Carl Gustav sera néanmoins réélu. Mais Abraham, de plus en plus furieux, obtiendra l'appui de Freud pour faire aboutir ses intrigues visant à se débarrasser du Suisse. Celui-ci préférera prendre les devants. Le 20 avril 1914, apprenant que son adversaire menait campagne pour que les présidents des associations européennes et américaines publient contre lui des motions de défiance, il décidera soudain de démissionner. « Cela nous a beaucoup allégé la tâche », commentera Freud qui ajoutera dans une lettre Karl Abraham : « Nous voici enfin débarrassés de ce grossier bigot de Jung. »

On est loin des embrassades du Maître chouchoutant ce « fils » dont il avait voulu faire son successeur. L'autre protégé de Freud, Sandor Ferenczi, qui avait activement pris part à l'hallali contre Jung, qualifie ce dernier de « tricheur » et de « gredin névrotique ». Bref, c'est le temps des invectives. Il faut reconnaître que, de son côté, Jung ne s'était pas gêné pour considérer les compagnons de Sigmund comme « un ramassis de décadents et de médiocres ». Poussant même l'outrecuidance jusqu'à dire à Freud ses quatre vérités concernant ses disciples : « Vous fabriquez des fils infantiles ou d'impudents pantins. Je suis assez objectif pour voir clair dans votre petit jeu [...]. Vous planez comme un bon père au-dessus de la mêlée. Par pure obséquiosité, personne n'ose tirer la barbe du prophète. » Entre les deux hommes, la haine succède à une amitié démesurée dont ils ont reconnu, tous deux, la composante homosexuelle. C'en est fini de leur admiration réciproque, noyée sous « un flot de vase noire ».

L'expression est de Freud. C'est Jung qui la rapporte à propos du serment auquel le Prophète avait voulu le contraindre en 1910, quatre ans avant leur rupture :

« Promettez-moi de ne jamais abandonner la théorie sexuelle. C'est le plus essentiel ! avait dit Freud. Nous devons en faire un dogme, un bastion inébranlable.

— Un bastion ? contre quoi ? demanda Jung.

— Contre le flot de vase noire de l'occultisme », répondit Freud.

« Un dogme, expliquera plus tard le fils rebelle du freudisme, cela veut dire une profession de foi indiscutable. Cela n'a plus rien d'un jugement scientifique, mais relève uniquement d'une volonté personnelle de puissance. » En refusant de s'y soumettre, le dauphin venait de signer sa condamnation. Malgré ses efforts pour admettre que la sexualité joue un grand rôle dans la psychologie, Jung n'a jamais pu y voir la cause unique des refoulements générateurs de névroses. D'après lui, il existe aussi d'autres facteurs tels que les pressions de la vie sociale, les exigences du prestige, les événements tragiques de la vie. En outre, l'auteur de *L'Homme à la découverte de son âme* ne pouvait admettre que l'expression de la spiritualité ou la création artistique ne soient qu'une conséquence du refoulement sexuel.

« Et pourtant oui, rétorquait Freud, il en est ainsi. C'est une malédiction du destin en face de laquelle nous sommes impuissants. »

En doutant de ce credo, le Suisse s'excluait irrévocablement de la foi freudienne, comme ce fut déjà le cas précédemment pour Alfred Adler. Défroqué du freudisme, Jung faisait ainsi, involontairement, le jeu des puritains qui avaient toujours combattu ce qu'ils appelaient les « obscénités sexuelles » des théories psychanalytiques. Dès janvier 1914, le *British Medical Journal* qualifiait la conversion de Jung de « retour à une vue plus saine de la vie ». Compliment qui, émanant de farouches anti-freudiens, ne pouvait qu'aggraver la rupture entre Carl Gustav et ses anciens alliés.

L'affaire est plus obscure concernant l'occultisme, cette autre pomme de discorde entre Freud et Jung. En ce domaine, l'attitude de Sigmund paraît assez incohérente. En 1910, l'année même où il met solennellement en garde son dauphin putatif contre les dangers du spiritisme et autres pouvoirs surnaturels, Freud s'apprête à consulter, à Munich, « une astrologue qui prédit l'avenir à partir des dates de naissance ». Il pousse même l'audace jusqu'à mettre Jung dans la confidence. « Il a ri, raconte-t-il à Ferenczi, et m'a avoué qu'il avait fait lui-même des expériences très probantes. »

Or, ce n'était pas la première fois que Freud flirtait avec la parapsychologie. Lorsqu'il était jeune homme, ayant accidentellement cassé sa bague de fiançailles, il crut voir un signe dans cet incident. Aussi écrit-il alors à sa future femme, Martha, pour lui demander si elle ne l'a pas moins aimé à ce moment précis, « à onze heures, le jeudi passé ». Simple fantaisie d'amoureux, soit ! Mais plus tard, en 1905, Freud n'est plus un gamin, il frise la cinquantaine. Sa fille Mathilde vient de subir une grave opération. Anxieux, il offre un sacrifice propitiatoire visant à écarter le mal : il brise volontairement une petite Vénus de marbre choisie dans sa précieuse collection d'objets antiques. Acte magique. À Ernest Jones qui lui fait respectueusement part de son scepticisme face à de tels sortilèges, le Maître répond : « Cela ne me plaît pas non plus, mais il y a quelque vérité là-dedans. »

Hanté par l'obsession de sa propre mort, il tente régulièrement d'en prévoir la date en fonction d'une interprétation des chiffres digne d'un vieux kabbaliste. Les nombres 23 et 28 lui semblent particulièrement funestes. Il leur attribue aussi bien ses migraines que des retards de courrier ou les manifestations d'événements personnels et professionnels de quelque importance.

Ferenczi se fera le complice de ces croyances occultes, ne répugnant pas lui-même à se livrer à diverses pratiques parapsychiques. En 1909, les deux compères se rendent spécialement à Berlin pour rendre visite à une certaine Frau Seider, une autre voyante qui prétendait avoir le don de lire des lettres avec les yeux bandés. Freud y voit la démonstration d'une possible transmission de pensée. Il encourage donc vivement son ami à persister dans l'étude de ce phénomène, tout en lui faisant promettre un silence total sur leur visite à la médium berlinoise. Mais il ne cessera jamais de s'intéresser aux perceptions extrasensorielles. En 1920, il ira jusqu'à proposer la télépathie comme sujet de recherche à ses disciples. Se heurtant alors aux réticences que leur inspirait le caractère « non scientifique » de ce mode de communication peu courant, il n'insiste pas, et annonce qu'il s'agit désormais pour lui d'une « affaire privée ».

Cette fois encore, c'est sa volonté de préserver l'avenir de la psychanalyse, contre les attaques dont elle fait l'objet, qui le conduit à mettre une sourdine à ses convictions intimes concernant les sciences occultes. De même, en 1925, il s'opposera vigoureusement à Ferenczi qui envisage de présenter une conférence sur ses expériences télépathiques : « En faisant cela, vous lanceriez une bombe dans la demeure psychanalytique qui exploserait à coup sûr. » C'est ce même message qu'il avait voulu transmettre à Jung en 1910. Mais ce dernier ne céda pas plus sur ce point qu'il ne l'avait fait à propos du dogme de la sexualité. Sexe et occultisme sont les deux écueils sur lesquels s'est brisé le pacte entre le Prophète et son héritier présomptif.

Aux yeux des freudiens, Jung s'est ainsi rendu coupable du crime de lèse-majesté. Impardonnable. Il ne fut d'ailleurs jamais pardonné. Mais il l'avait bien cherché en manifestant avec arrogance son mépris pour les autres disciples de Freud. Leur vengeance fut terrible, recourant à une arme redoutable : l'accusation d'antisémitisme. Dès 1907, constate Jones, ils lui manifestent « la méfiance générale des juifs à l'égard des “gentils” [non-juifs] qu'ils soupçonnent, souvent à juste titre, d'être antisémites ». Ce sentiment s'accentuera au cours des années. Freud lui-même, en mai 1913, écrit à Ferenczi : « Face à l'antisémitisme déchaîné de nos Zurichois, aucune diplomatie, assurément, ne servira plus à rien. »

Paradoxalement, il faudra une guerre — une vraie, la Grande — celle de 1914-1918, pour qu'une trêve s'instaure entre Jung et les freudiens. La réalité implacable des faits conduit à constater que c'est Jung qui remettra le feu aux poudres, en 1933, quand il acceptera de présider la Société internationale de psychothérapie contrôlée par les nazis. On connaît la suite : la publication malencontreuse du manifeste du Dr Goering, puis l'éditorial de Jung comparant les psychologies juive et aryenne. D'où la relance des accusations d'antisémitisme dont le Suisse, malgré ses dénégations, parviendra mal à se dépêtrer. « Que la psychanalyse soit, pour ainsi dire, une affaire nationale juive, ce n'est pas moi qui l'ai inventé, mais Freud, écrit-il, en avril 1934, à l'un de ses confrères, le Dr Benda. Quand j'écrivais mon livre *Métamorphoses et Symboles de la libido*, et que je me suis écarté en un seul point de la doctrine orthodoxe, il m'a tout de suite accusé d'antisémitisme. J'en conclus, bon gré mal gré, que j'ai dû peu ou prou commettre une offense à l'égard du juif. Depuis, ce préjugé me colle à la peau et a été répété par tous les freudiens. Ils m'ont par là confirmé chaque fois le fait que la psychanalyse est réellement une psychologie juive que nul ne peut critiquer sans se rendre coupable d'antisémitisme. »

Et pour prouver qu'il n'est pas « un mangeur de juifs », Jung en appelle à sa collaboration constante avec des psychanalystes juifs. Nombreux sont ceux qui répondent à cet appel et dont les témoignages remplissent les colonnes des journaux chaque fois que resurgit la polémique entre freudiens et jungiens. C'est notamment le cas du Dr Roland Cahen, l'un de ses disciples et traducteur de ses œuvres en français : « Je m'appelle Cahen — déclarait-il au *Quotidien de Paris* en septembre 1980 —, je suis d'une famille juive. Croyez bien que si j'avais senti chez cet homme et ami la moindre trace d'antisémitisme ou de racisme, au lieu de faire connaître sa pensée et son œuvre, je lui aurais plutôt sauté à la gorge. » Quantité d'autres déclarations, émanant de psychanalystes et de patients juifs, attestent de la pureté des attitudes de Jung à leur égard, comme autant de certificats de bonne conduite.

En dépit de tels témoignages, l'anti-jungisme ne désarme pas. En juin 1995, un chercheur de l'université de Harvard, Richard Noll, déjà auteur d'un livre iconoclaste dénonçant *Le Culte de Jung*, récidivait dans un article du *New York Times*. D'après lui, le Zurichois ne serait pas seulement un authentique antisémite mais aussi un imposteur. Il aurait emprunté sa théorie de l'inconscient collectif à l'un de ses assistants, le Dr Johan Jacob Honneger qui s'est suicidé en 1911. Les preuves de cette accusation ? On ne les connaît pas encore : les héritiers de Jung ont obtenu de l'éditeur de Noll que la publication de ses travaux soit différée. Nouvel épisode de l'impitoyable guérilla dans laquelle s'affrontent freudiens et jungiens depuis près de quatre-vingt-dix ans.

Relatant les premières escarmouches entre Jung et les disciples de Freud, en 1907, Ernest Jones cite ce proverbe allemand : « La haine a le regard perçant. » De fait, en l'occurrence, elle a vu loin, jusqu'aux limites du siècle qui commençait alors. Entre le Prophète et son fils rebelle, le flot de vase noire n'est pas près de se tarir.

# V

# *Freud-Hitler :*
# *la haine de Vienne*

Mars 1938, une bannière rouge à croix gammée s'étale sur toute la largeur de la porte cochère du n° 19 de la Berggasse, au domicile viennois de Freud. Le régime nazi affiche ainsi ostensiblement sa domination sur le sanctuaire de la psychanalyse, science honnie par le III^e^ Reich qui n'y voit qu'une doctrine éminemment juive, et par conséquent bannie. Les nazis ont très vite compris que les théories freudiennes, axées sur l'exploration des profondeurs de l'esprit individuel, sont en contradiction absolue avec l'idéologie hitlérienne de *Mein Kampf* qui, froidement, et au détriment des vérités scientifiques, préconise « le fanatisme qui fouette l'âme de la foule et la pousse en avant, fût-ce avec une violence hystérique ».

Cinq ans avant que le Führer ne fît triomphalement son entrée en Autriche, la psychanalyse avait déjà subi les foudres de l'Ordre nouveau. Dès le 10 mai 1933, à Berlin, sur la place de l'Opéra, les écrits de Freud et de ses disciples avaient été jetés publiquement dans le brasier où furent consumés des milliers de livres, lors d'une gigantesque cérémonie nocturne présidée par Joseph Goebbels. La main droite tendue vers ce bûcher, le ministre de la Propagande hitlérienne prononçait l'anathème : « Contre l'exaltation morbide des instincts et au nom de la dignité de l'âme humaine, je détruis par le feu les œuvres de Sigmund Freud et de son école. » « Quels progrès ils ont faits ! dira Freud, dans la plus pure tradition de l'humour juif. Au Moyen Âge, ils m'auraient brûlé. Maintenant ils se contentent de détruire mes livres. »

Freud a toujours eu beaucoup de mal à prendre au sérieux la menace nazie. Alors que la communauté juive autrichienne commence à redouter une invasion du pays par les troupes de Hitler, Sigmund continue d'afficher une totale sérénité : « On m'a déjà conseillé de fuir en Suisse ou en France, quelle absurdité ! écrit-il à son amie Marie Bonaparte. Je ne pense pas qu'il y ait un quelconque danger à Vienne. Et s'il devait se produire, je suis fermement résolu à l'attendre ici même. » Plusieurs motifs incitent le Professeur à ne pas quitter la capitale autrichienne. D'abord son état de santé. Il ne souhaite pas s'éloigner des médecins qui soignent son cancer et auxquels il fait confiance. Ensuite, il se préoccupe de ses intérêts matériels qui lui permettent de faire vivre une nombreuse famille : « Je ne veux pas abandonner mes biens », écrit-il dans la dernière lettre qu'il enverra à son confident, Sandor Ferenczi, le 2 avril 1933.

Trois ans plus tard, le 19 juillet 1936, Freud vient d'être opéré des yeux par le Pr Hans Pichler. Il regagne son domicile les yeux bandés. Il ne découvrira donc que plus tard les croix gammées qui ont été tracées à la craie sur le trottoir de sa rue pour indiquer le chemin conduisant à l'immeuble de la famille Freud.

Les nazis n'auront pas besoin de tels repères lorsque, le 16 mars 1938, quelques jours après l'Anschluss (rattachement de l'Autriche à l'Allemagne hitlérienne), ils viendront cogner à la porte du juif le plus célèbre de Vienne. Cinq jeunes S.A. (membres des Sections d'assaut) exigent qu'on leur donne l'argent de la maisonnée. Hautaine, Martha Freud — l'épouse de Sigmund — les fait asseoir au salon et vide sur une table le contenu du porte-monnaie destiné aux dépenses quotidiennes. Mais le chef du groupe se montre plus exigeant. Il réclame les économies du foyer qui doivent être cachées quelque part dans l'appartement. Anna Freud le conduit alors en silence dans la pièce voisine, et ouvre la porte du coffre-fort. L'Allemand croit mettre la main sur un gros magot. Il est déçu en ne découvrant que l'équivalent de quatre mille cinq cents francs de l'époque. Soit — selon le tarif que pratiquait le Professeur — une somme représentant les honoraires de sept séances d'analyse. C'est à ce moment précis que Freud sort de son bureau. Il s'informe de ce qui se passe et adresse quelques mots indignés aux cinq hommes qui déguerpissent aussitôt, manifestement impressionnés par l'autorité du personnage.

Mais Freud ignore qu'au même instant, quelques immeubles plus loin, au n° 7 de la Berggasse, d'autres nazis sont en train de perquisitionner dans les locaux de la Maison de la Psychanalyse. Là sont centralisées les activités psychanalytiques internationales, la bibliothèque et les éditions (*Verlag*). Martin Freud, le fils aîné, gère ces affaires ainsi que la fortune personnelle de son père. Il sera interrogé pendant plusieurs heures sur ces questions d'argent. Il devra aussi s'expliquer longuement sur le versement des cotisations de Freud à la loge juive *B'nai B'rith.* La Gestapo aura évidemment vite fait d'y voir, à tort, la preuve d'un financement occulte d'une organisation politique anti-nazie. Il s'en faudra de peu pour que Martin ne soit froidement exécuté. Il devra son salut à sa femme, l'obscure Etsi, qui — sachant où se trouvaient cachés les fonds — parvint à corrompre les chefs de la police et à sauver son mari.

Mais, quelques jours plus tard, la Gestapo revient à la charge et fait irruption dans l'appartement des Freud.

Les hommes en manteau de cuir se font remettre, contre un reçu dûment tamponné, tout l'argent qui a pu échapper à la première razzia. Puis ils intiment l'ordre au Pr Freud de les suivre au n° 7. Invoquant les quatre-vingt-deux ans et l'état de fatigue de son père, c'est Anna qui propose de les accompagner. Elle sera, à son tour, interrogée pendant toute la journée, pour n'être libérée qu'à dix-neuf heures. Les témoignages ne concordent pas toujours à propos de cet épisode. Mais il est évident, après les menaces dont Martin a fait l'objet la veille, que la famille Freud redoute alors le pire. D'après Peter Gay, c'est au quartier général de la Gestapo, à l'hôtel Métropole, qu'Anna Freud fut interrogée. Elle aurait pris soin, en cette circonstance, de se munir d'un tube de Véronal — fourni par le Dr Schur, médecin de la famille — qu'elle n'aurait pas hésité à avaler afin de se supprimer dans le cas où les nazis auraient tenté de la torturer. Événements dramatiques que Freud mentionnera sobrement dans son agenda : « Anna à la Gestapo. » C'est à partir de ce moment qu'il a enfin admis la nécessité de quitter Vienne pour mettre sa famille à l'abri.

Mais les autorités nazies n'en continuèrent pas moins de harceler Freud, se montrant particulièrement curieuses d'évaluer le montant réel de sa fortune. En effet, ayant mis la main sur le testament du Professeur, l'un des contrôleurs financiers y avait relevé des références à des sommes d'argent placées en Suisse et aux Pays-Bas. De fait, à l'instar de tous les Viennois qui en avaient encore les moyens, Freud — lors de la crise économique et de l'inflation monétaire qui avait frappé l'Autriche au début des années 30 — avait pris soin de placer quelques capitaux en lieu sûr. Heureusement pour lui, le contrôleur en question n'était autre qu'un certain Sauerwald, nazi bon teint et fervent antisémite, mais ancien élève du Pr Herzig, l'un des plus vieux amis de Freud, auquel il vouait un profond respect. Aussi décida-t-il d'escamoter le fameux testament, ce qui laissa persister un flou salutaire sur le compte suisse du Maître. Par ailleurs, les fonds que ce dernier avait convertis en pièces d'or furent confiés à Marie Bonaparte, promptement accourue de Paris pour protéger Freud. La princesse, belle-sœur du roi de Grèce, remit le magot à l'ambassade hellénique de Vienne qui l'expédia hors d'Autriche.

Il faut dire que, dès la première descente des S.A. au domicile du Professeur, le 16 mars 1938, un véritable branle-bas diplomatique est déclenché en Europe et en Amérique pour organiser le sauvetage du pape de la psychanalyse et de sa famille. Leur voisine et compagne d'Anna Freud, Dorothy Burlingham, intervient immédiatement auprès de l'ambassadeur des États-Unis en Autriche pour l'informer des menaces qui pèsent sur Sigmund et les siens. Simultanément, elle téléphone à Ernest Jones, à Londres, qui entame aussitôt des démarches visant à faire émigrer Freud vers la Grande-Bretagne. À cette fin, le futur historien de l'épopée freudienne a déjà pris contact avec Marie Bonaparte et avec William Bullitt, ancien patient de Freud, familier du président Franklin Roosevelt, et ambassadeur des États-Unis en France. Bullitt profite d'un dîner parisien pour mettre en garde Johann von Welzek, alors ambassadeur du III^e Reich dans la capitale française, contre le scandale que provoquerait toute nouvelle agression à l'encontre de Freud. Dans le même temps, Bullitt obtient de Roosevelt une intervention du secrétaire d'État, Cordell Hull, qui alerte à son tour son ambassadeur à Vienne.

Les nazis, manifestement, sont impressionnés par ce déploiement d'interventions politiques de très haut niveau en faveur de Freud. Du coup, celui-ci devient à leurs yeux un personnage encombrant. Aussi finissent-ils par envisager de s'en débarrasser. Après une nouvelle démarche officielle de l'ambassadeur des États-Unis à

Berlin, le secrétaire d'État allemand aux Affaires étrangères, Ernst von Weiszäcker, s'engage, enfin, à faciliter l'obtention du visa des Freud.

Pour quelle destination ? Bullitt ne songe même pas à proposer un départ pour les États-Unis. Il sait que Freud déteste ce pays. Marie Bonaparte, elle, est en mesure de l'héberger somptueusement à Paris. Mais l'avenir commence à se révéler incertain dans cette capitale où, par crainte d'un prochain conflit, s'organisent déjà les premiers exercices de défense passive. Quant à la Suisse, indépendamment du souvenir de ses démêlés avec Jung et les Zurichois, Sigmund lui reproche d'être inhospitalière. C'est donc la Grande-Bretagne qu'il choisira comme terre d'exil. Une nation dont l'histoire et la culture l'ont toujours fasciné.

Il ne reste plus qu'à accomplir les formalités matérielles de l'exil. Affaire périlleuse. La Gestapo maintient l'immeuble du 19, Berggasse sous surveillance permanente. Le moindre faux pas peut compromettre le succès de l'opération, voire servir de prétexte à une arrestation. Il faut pourtant bien essayer de sauver les meubles, au sens propre du terme : emballer le mobilier, les livres, les objets qui pourraient être évacués vers l'Angleterre. Freud trie ses archives et jette à la corbeille une masse de documents destinés à être détruits. Heureusement, Marie Bonaparte en récupère un certain nombre qui, discrètement, prennent, eux aussi, le chemin de l'ambassade de Grèce qui les expédiera par la valise diplomatique.

De même, une partie des œuvres d'art, et la précieuse collection de timbres, qui n'échapperaient pas à l'inspection policière des bagages, sont confiées au Dr Anton Toszeghi, médecin hongrois de Martin Freud, qui les acheminera jusqu'à Budapest, puis vers Londres.

Le 28 mars, l'administration britannique accorde à Jones les visas autorisant l'immigration de la famille

Freud au Royaume-Uni. Famille, au sens très large du terme : une bonne quinzaine de personnes accompagneront le Maître. Encore faut-il que les candidats au départ obtiennent le laissez-passer de la Gestapo. Il leur faut pour cela acquitter le *Reichsfluchtsteuer*, sorte de taxe d'émigration, s'élevant à environ vingt-cinq mille de nos francs. Or, le compte bancaire de Freud à Vienne a été confisqué par les nazis qui ont aussi fait main basse sur tout l'argent liquide qu'ils ont pu trouver lors de leurs perquisitions. C'est encore Marie Bonaparte qui avancera les fonds nécessaires que Freud lui remboursera à Londres. La princesse, toujours grande dame, utilisera alors cette somme pour rééditer les œuvres freudiennes qui avaient été détruites sur ordre de Hitler.

Le 5 mai 1938, départ du premier groupe : Minna Bernays — la belle-sœur de Freud — est accompagnée de Dorothy Burlingham, de Martin Freud et de sa famille, de Mathilde — fille de Freud — et de son mari. S'y ajoutent Alexander — frère de Freud —, sa femme et leur fils Harry. Ainsi la plus large part de la tribu est-elle évacuée. Puis un long mois s'écoule avant que le second groupe quitte enfin Vienne. Il est composé de Sigmund, de sa femme Martha, de sa fille Anna, d'une jeune pédiatre — le Dr Josefine Stross, surnommée Fifi — et de la fidèle servante Paula Fichtl.

Seules quatre sœurs de Freud resteront en Autriche : Maria, Adolfine, Pauline et Rosa. Elles sont âgées de plus de soixante-quinze ans, et Freud — déjà entouré d'une nombreuse famille — craint de ne pas avoir les moyens de les entretenir en exil. Sigmund n'imagine pas que ces vieilles dames puissent vraiment être persécutées par les nazis. Tragique erreur. Elles mourront toutes en déportation, en 1942, les unes à Theresienstadt, les autres à Auschwitz.

Les démarches visant à obtenir le sauf-conduit autorisant le départ du Professeur ont paru interminables. Les nazis ont entretenu le suspense jusqu'au bout. Ainsi, avant de lui remettre le précieux laissez-passer, ils ont exigé de Freud qu'il signe une attestation affirmant que lui-même et les siens ont été correctement traités par les autorités. Certains admirateurs de l'humour freudien ont prétendu que le Maître avait ajouté de sa main sur sa déclaration : « Je peux cordialement recommander la Gestapo à tous », comme l'aurait fait un patron délivrant un certificat de bons et loyaux services à un employé dont il se séparerait à regret. En réalité, on sait aujourd'hui que Freud a peut-être grommelé ces propos dans sa barbe, ou qu'il les a confiés, a posteriori, à son entourage. Mais ils ne figurent pas sur le document officiel qui a été retrouvé.

En revanche, on ne saura sans doute jamais si — comme le veut la légende — Sigmund a vraiment fait le salut nazi en s'écriant ironiquement : « Heil Hitler ! » lorsqu'il a découvert, avec admiration, la splendide maison de Maresfield Gardens qu'il allait habiter dans la banlieue chic de Londres. De fait, sans l'annexion de l'Autriche par le Führer, le célèbre exilé n'aurait jamais logé dans une aussi somptueuse demeure.

Mais revenons au 3 juin 1938, à 15 h 25. Lorsque Freud et les siens quittent enfin Vienne à destination de Paris, par l'Orient-Express en provenance d'Istanbul, il y a alors deux mois et demi que Hitler a remis le pied sur le sol autrichien. Il y est arrivé, le 13 mars, la nuit précédant l'Anschluss, par l'avion qui a atterri à l'aérodrome d'Aspern, à quelques kilomètres de la capitale. Le Führer était accompagné du sinistre Reinhardt Heydrich, futur persécuteur des Tchèques, et d'une vingtaine d'officiers S.S. Ils avaient été précédés par Heinrich Himmler, chef suprême des S.S. et de la Gestapo qui venait de faire arrêter en Autriche soixante-sept mille suspects d'anti-nazisme figurant sur les listes noires de la police du Reich.

Le 15 mars, la veille de l'irruption des cinq S.A. dans l'appartement de Freud, Hitler haranguait une foule enthousiaste de cent mille personnes rassemblées sur la célèbre Heldenplatz, centre historique de Vienne. Moments délirants. Surtout quand, les mains tendues vers ce peuple fasciné, le dictateur promit aux Autrichiens de les considérer comme sa propre famille. Puis il salua le caractère « miraculeux » de cette union. « Étrange miracle ! commente Freud, qui écoute ce discours à la radio. Je n'y vois que le renoncement du moi qui va se perdre dans cet idéal de masse que symbolise le Führer. Mais ce miracle n'a pas partout ni toujours le même succès. » À mots couverts, Freud reproche aux Autrichiens de s'être laissé trop facilement séduire par le fanatisme hitlérien. Lequel atteint son apogée avec ce cri hystérique que pousse le Führer pour ponctuer la fin de son discours. Levant les bras, il hurle, face à cette foule subjuguée : « J'ai vaincu, Galiléen ! » Ainsi invoque-t-il le Christ comme témoin de sa victoire sur cette ville qu'il a tellement détestée. Ce qu'ignorent alors ces Autrichiens fanatisés par la harangue du dictateur, c'est qu'il est en train de leur cracher à la face son plus total mépris.

Hitler connaît très bien Vienne. Il y a vécu pendant près de huit ans. Il y est arrivé, pour la première fois, le 28 septembre 1905, en descendant du train en gare de l'Ouest, celle-là même d'où Freud partira pour l'exil. Le futur dictateur n'a alors que seize ans. Lui, c'est sa famille qu'il a fuie. Né de l'union consanguine d'un douanier alcoolique mort deux ans plus tôt d'une hémorragie pulmonaire, et d'une mère de faible constitution qui sera emportée par un cancer du sein, en 1907, il souffre lui-même d'une fragilité des poumons et d'un eczéma chronique. Et ce ne sont pas ses misérables conditions de vie dans la capitale autrichienne qui vont améliorer sa santé.

Il commence par y vivre cloîtré dans un taudis des bas quartiers, ne parvenant qu'à dégoter des petits boulots : aide-maçon, gardien de nuit, peintre d'enseignes de boutiques... Puis, grâce à un maigre héritage lui venant de son père, il s'inscrit à l'école des Beaux-Arts, mais échoue plusieurs fois au concours. Révolté contre la société, il devient un lecteur assidu de la bibliothèque anti-juive Ostara, y cherchant le sens caché de sa destinée dans les livres de Nostradamus et de Ruggieri, l'astrologue de Catherine de Médicis. Puis il se plongera dans la lecture des théoriciens de la race aryenne : Gobineau, Vacher de Lapouge, H.S. Chamberlain. Il assiste aussi aux meetings de Georg von Schönerer, le chef du parti populaire autrichien, d'obédience fasciste, et de Karl Lueger, alors bourgmestre social-chrétien de la ville, et violemment raciste.

C'est au contact de ces milieux agités que va, peu à peu, s'élaborer la fermentation des convictions politiques du jeune Hitler : un mélange d'idées hostiles au parlementarisme et à la social-démocratie, mais aussi au marxisme dans lequel il ne voit, comme ce sera aussi le cas, quelques années plus tard, pour la psychanalyse, qu'une idéologie juive. En effet, le futur Führer est inspiré par un antisémitisme furieux. Il alimente cette obsession en ressassant les slogans vengeurs, glanés dans les assemblées d'extrémistes, et qui stigmatisent la nouvelle bourgeoisie : négociants, banquiers, industriels, souvent d'origine juive, qui résident sur le Ring, ce grand boulevard qui encercle Vienne et où s'alignent leurs riches demeures.

Adolf, taciturne, n'a alors qu'un ami, August Kubizek, qui tente de le distraire en l'entraînant au bordel. En vain. On découvrira, après sa mort, quand les Soviétiques feront autopsier sa dépouille, en avril 1945, dans le bunker de la Chancellerie, à Berlin, que Hitler n'avait qu'un seul testicule. D'où ses rapports complexes avec le sexe. Et peut-être aussi, d'après certains commentateurs, l'explication de son comportement coléreux, paranoïaque, égocentrique, pervers, gouverné par cette « âme de glace » qu'il se flatte lui-même de posséder. Quel client étonnant il aurait pu être pour Freud !

En effet, pendant plus de sept ans le futur Hitler vit dans la même ville que le fondateur de la psychanalyse. Mais un monde les sépare, leur laissant bien peu de chances de se rencontrer. Pas même dans ces habituels lieux de contacts que sont les célèbres cafés viennois. Que diable Sigmund serait-il allé faire dans ce repaire de voyous qu'était la brasserie de la Kätzenstrasse où Adolf avait coutume de retrouver Kubizek ?

Si, par extraordinaire, Freud a pu, un jour, croiser le regard métallique de Hitler, c'est aux terrasses des cafés du Prater, l'été, lorsque le jeune peintre raté essayait de vendre ses médiocres aquarelles pour quelques schillings. Rencontre improbable. On peut d'ailleurs se demander ce que le futur auteur de *Mein Kampf* aurait pu comprendre au discours de ce médecin juif dont il fera brûler les livres. De celui-là même qui professait : « L'homme ne doit pas vouloir exterminer ses complexes, mais, au contraire, se mettre en accord avec eux, car ils sont les chefs d'orchestre de son comportement dans le monde. » Hitler, à l'inverse de ce principe freudien, choisira de laisser se déchaîner ses pulsions de mort contre l'humanité.

Dans son *Histoire de la psychanalyse en France*, Élisabeth Roudinesco cite cette phrase que Thomas Mann écrivit en 1938, alors que le Führer venait d'annexer l'Autriche : « Comme cet homme [Hitler] doit haïr l'analyse ! Je soupçonne en secret que la fureur avec laquelle il marcha contre une certaine ville [Vienne] s'adressait au fond au vieil analyste installé là-bas, son ennemi véritable et essentiel, le philosophe qui démasqua la névrose, le grand désillusionneur, celui qui sait à quoi s'en tenir sur le génie. »

Finalement, Freud et Hitler avaient quand même un point commun : leur haine pour cette même ville, Vienne, dont Claudio Magris dénoncera « la brutalité masquée de bonhomie » qui fait de la capitale autrichienne « un bas-ventre de l'Histoire », une « station météorologique de la fin du monde », pour reprendre le mot de Karl Kraus. Le jeune Hitler était venu y chercher fortune et renommée. Il n'y apprit que la pauvreté, l'amertume et le racisme. Il quitta la ville le 24 mai 1913, maudissant ces lieux où il avait espéré réaliser ses espérances, et qui l'avait ignoré, noyé dans ce « répugnant conglomérat » qu'il vilipendera dans ses discours.

Freud, lui aussi, déteste Vienne. Il en a longtemps voulu à son père d'y avoir transplanté sa famille, en 1860, alors qu'il était âgé de quatre ans. Son départ de Freiberg, sa ville natale, semble avoir été vécu comme un déchirement. Plus tard, ce ressentiment s'aggrave, Freud se plaint d'avoir été plutôt mal accueilli dans la capitale, quand il s'y est installé comme médecin frais émoulu de l'université, se heurtant à l'antisémitisme des milieux médicaux, bientôt hostiles, de surcroît, à ses théories sur la sexualité. Aussi, du vivant de Sigmund, la ville pudibonde ne s'est jamais vraiment glorifiée d'être devenue « La Mecque » de la psychanalyse. « J'ai voué à Vienne une haine personnelle », confie Freud à son ami Wilhelm Fliess à qui il confesse la « répulsion physique » que lui inspire la ville.

Le 3 juin 1938, dans le train qui l'arrache définitivement à ces lieux exécrés où il a pourtant passé soixante-dix-huit années de sa vie, le vieil homme s'enferme, pendant des heures, dans un profond silence qui s'alourdit, la nuit venue, pendant la longue traversée du territoire allemand. Enfin, après le passage de la frontière, le convoi franchit le pont de Kehl qui enjambe le Rhin. C'est la France. Freud desserre les lèvres et murmure, dans un soupir de délivrance : « Maintenant, nous sommes libres. »

# VI

## *Sexe, amour et chuchotements d'alcôve*

En affirmant que de nombreuses névroses trouvent leur origine dans les secrets du lit conjugal, Freud s'est acquis une solide réputation d'obsédé sexuel. Pourtant, lui-même dissimulait mal sa gêne à parler des choses du sexe. Plus tard, confronté à la résurgence de son passé, il essaya de faire disparaître les témoignages concernant certaines de ses expériences en ce domaine. Il est vrai que, en écoutant aux portes et en lorgnant à travers les trous de serrure, on finit par en apprendre de belles sur la vie amoureuse du père de la psychanalyse et de ses disciples.

« J'ignore ce que le regard, le maintien d'une jeune fille autorisent ou interdisent... Je me bornerai donc à proposer qu'à notre dernière entrevue je puisse m'adresser à celle que j'adore en la tutoyant, et je voudrais être sûr d'une intimité qui, peut-être, devra longtemps demeurer secrète. » Lorsque, le 15 juin 1882, Sigmund Freud écrit cette première lettre à Martha Bernays, il a vingt-six ans, et elle vingt et un. Ils se sont rencontrés deux mois plus tôt au cours d'une visite familiale, dans la plus pure tradition bourgeoise. Entre-temps, ils ne se sont guère revus que trois ou quatre fois, sous le regard vigilant de la mère, du frère ou de la sœur de Martha. Mais il lui adresse chaque jour une rose rouge qui en dit long sur la nature de ses sentiments. Le samedi 17 juin, au cours d'un dîner chez les Freud, Martha répond à la lettre de Sigmund en lui serrant tendrement la main sous la table. Leurs fiançailles — secrètes, comme il l'avait voulu — furent ainsi scellées sous le signe des petits gâteaux et des tasses à thé sur napperons brodés.

Il faut croire que le fameux « secret » fut rapidement éventé car, deux jours plus tard, Mme Bernays expédiait promptement sa fille à Hambourg jusqu'à ce que le mariage fût plus sérieusement envisageable. Argument classique : « Vous épouserez Martha quand vous aurez les moyens matériels de fonder une famille. » Ce qui ne se révélera possible qu'en septembre 1886. Soit quatre longues années de séparation entrecoupée de quelques rares visites de Sigmund à sa fiancée. Pendant toute cette période, leurs amours furent donc sagement épistolaires. Mais cependant passionnelles.

Freud se montre tour à tour tendre, coléreux, autoritaire, jaloux, toujours amoureux et romantique : « Mon seul désir est de t'embrasser encore une fois, et puis de mourir avec toi. » Ils vécurent. Martha, plus réservée, se résigne à l'éloignement. Ses lettres sont plus tièdes que celles de son fiancé. Celui-ci n'hésite pas à lui en faire le reproche, négligeant le fait qu'il s'est parfois comporté envers elle comme un parfait goujat : « Je sais bien — lui a-t-il écrit, en août 1882 — que tu n'es pas belle dans le sens où l'entendent peintres et sculpteurs... Si tu tiens à ce que je donne aux mots leur sens strict, je me sens obligé de confesser que tu n'es pas une beauté. » Quel mufle ! On ignore ce que répondit Martha. Mais dans la lettre suivante, Sigmund, essayant de rattraper sa gaffe, s'enlise dans sa maladresse : « La seule beauté qui demeure, c'est celle de la bonté et de la compréhension qui transfigure les traits. C'est en quoi tu excelles. »

En fait, si Martha n'est pas une beauté, elle n'est pas non plus vraiment laide. Petite, fluette, elle a les traits plutôt lourds, le menton mou et le regard sans éclat. C'est l'une de ces femmes qui peuvent être aimées sans séduire. De nos jours, on dirait qu'elle n'est pas très « sexy ». Mais pourtant désirable, du moins si l'on en juge par l'ardeur de Freud qui, manifestement, a bien du mal, pendant ces interminables fiançailles, à maîtriser sa libido. En puritain stoïque, il se contentera de quelques baisers, de chastes caresses et — comme il le raconte — de coups d'œil en biais aux mollets de sa bien-aimée, quand, au cours d'une promenade, elle s'arrête pour remonter ses bas. Bref, Martha se mariera vierge. Aussi n'est-il pas impossible que les frustrations subies par Sigmund au cours de cette longue période aient pesé lourd sur ses futures théories de la sexualité.

À l'évidence, Freud trouva enfin dans le mariage la libération de ses pulsions charnelles. Martha mit au monde six enfants en neuf ans. Joli score ! Mais il semble que les fonctions génitrices du couple aient vite pris le pas sur la satisfaction de ses désirs érotiques. En effet, dès août 1893, après sept ans de vie conjugale, Sigmund — dans une lettre à son ami Wilhelm Fliess — affirme que sa femme et lui vivent dans l'abstinence. C'en est déjà fini de sa passion pour celle qu'il appelait sa « Princesse ». Martha s'est précocement calée dans son rôle de mère confite en respectabilité, accaparée par ses enfants et par le gouvernement de sa maison. Éclipsée par la personnalité de son mari, elle est peu curieuse des choses de l'esprit, assez bégueule, et par conséquent fermée aux mystérieuses cogitations de Sigmund. Leur mariage a cessé d'être cette « longue conversation », comme l'appelle Nietzsche. Freud, isolé dans son monologue, se sent peu à peu envahi par l'angoisse : « Jusqu'à la névrose », dira son biographe Ernest Jones. Sans doute est-ce pour sortir de son isolement qu'il va s'investir avec ferveur dans sa relation avec Fliess.

Wilhelm Fliess est alors âgé de trente ans. Il est médecin O.R.L. à Berlin, mais vient souvent à Vienne dont sa jeune femme — issue d'une famille fortunée — est originaire. Wilhelm ne se contente pas d'explorer la gorge et les oreilles de ses patients. C'est un esprit brillant et passionné par la recherche scientifique. Comme Freud, il s'intéresse aux phénomènes liés à la libido, et tout spécialement à la bisexualité des êtres humains. S'appuyant sur ses observations médicales, il a échafaudé une théorie, digne de Cyrano, et qui place le nez au centre de toutes les activités biologiques, y compris la sexualité. En combinant ses conceptions avec son obsession des chiffres, il a élaboré une interprétation complexe des rythmes sexuels qui, d'après lui, régissent l'évolution des individus, leurs maladies, leur mort.

Freud est littéralement subjugué par ce personnage à la barbe noire, au large front et dont le regard magnétique transperce ses interlocuteurs lorsqu'il veut les convaincre de partager ses idées. C'est à partir de 1890 que les deux médecins vont correspondre régulièrement. Mais ces lettres ne font que stimuler leur besoin réciproque de se rencontrer à l'occasion de ce qu'ils appellent leurs « congrès » : retrouvailles en tête à tête qu'ils organisent aussi fréquemment qu'ils le peuvent, à Vienne, parfois à Berlin ou en d'autres lieux : Salzbourg, Nuremberg, Munich, Breslau, Innsbruck... « Combien je te dois : la consolation, la compréhension, la stimulation que tu m'apportes dans ma solitude, un sens à ma vie que j'ai acquis grâce à toi... Je sais que tu n'as pas besoin de moi comme j'ai besoin de toi. » Que d'amour, que de passion dans cette lettre de Sigmund à Wilhelm, le 1er janvier 1896 !

Quatre ans plus tard, le 7 mai 1900, Sigmund analyse en ces termes sa relation avec Wilhelm : « Rien pour moi ne saurait remplacer les contacts avec un ami. C'est un besoin qui répond à quelque chose en moi, peut-être à quelque tendance féminine. » Allusion transparente à la théorie de la bisexualité à laquelle Fliess l'avait initié, et qui le conduit à se placer en situation de passivité, voire de soumission à l'égard de son ami. Pourtant, bizarrement, ce sont leurs divergences sur la théorie de la bisexualité qui vont provoquer leur rupture. Freud s'était tellement imprégné de la réalité de cette dualité sexuelle qu'il s'en était approprié la découverte. La controverse qui, en août 1900, l'opposa sur ce point à Fliess fut d'une extraordinaire violence. Leur amitié n'y résistera pas. Ils ne se revirent jamais. Plus tard, Sigmund confiera, à quelques-uns de ses amis, que l'intensité de ses sentiments à l'égard de Fliess révélait une composante homosexuelle. En 1912, il confirme cette explication dans une lettre à Ernest Jones : « Il y a au fond de toute cette affaire un problème homosexuel non résolu. » Mais quelle signification précise Freud accordait-il à ce mot ? Désignait-il un fantasme inspiré par la force de son amitié pour Wilhelm ? Ou évoquait-il une authentique relation érotique ? Le sort réservé à leur correspondance entretient, aujourd'hui encore, l'ambiguïté sur la nature réelle de leurs rapports.

C'est en décembre 1936 — trente-six ans après sa rupture avec Fliess — que ces souvenirs engloutis rejaillissent soudain à la face de Freud. Marie Bonaparte lui annonce qu'un certain Stahl, libraire à Berlin, lui propose de lui vendre les deux cent quatre-vingt-quatre lettres que Sigmund a adressées à Fliess entre 1890 et 1900. Freud est catastrophé : il avait lui-même pris soin de ne pas conserver le courrier de Wilhelm. Sans doute l'avait-il détruit. Quant à ses propres lettres — répond-il à Marie Bonaparte — elles étaient « aussi intimes que vous pouvez l'imaginer. Il serait tout à fait pénible de les voir tomber dans des mains étrangères »... La princesse n'est évidemment pas insensible aux craintes du Maître. Elle s'empresse d'acheter cette liasse de lettres, au prix fort : cinq cents dollars de l'époque. Freud propose d'en payer la moitié. Elle refuse. Et s'oppose avec fermeté à ce que ces documents compromettants soient aussitôt brûlés comme l'exigeait Sigmund. Finalement, elle promet de ne pas les lire et les dépose à la banque Rothschild de Vienne.

En mars 1938, lors de l'Anschluss de l'Autriche par Hitler, Marie Bonaparte vient précipitamment récupérer le contenu de son coffre. Les lettres partent pour Paris, puis pour Londres. Après la mort de Freud, elles furent soigneusement triées par sa fille Anna qui en publiera une sélection sévèrement expurgée. Mais, une bonne vingtaine d'années plus tard, en juillet 1965, le Pr Paul Roazen, au cours d'un entretien avec Anna Freud, découvre que cette censure a été effectuée de façon quasi clandestine, sans même que soit indiqué le fait que des coupures avaient été opérées dans les lettres. « En fin de compte — observe Paul Roazen — la publication de documents trafiqués aboutit à ce que l'on prête plus d'importance aux passages censurés. » Faute d'en savoir plus sur la réalité des rapports entre Freud et Fliess, on est bien sûr tenté d'imaginer que les écrits que Sigmund a voulu détruire et que sa fille a censurés relataient des faits considérés comme inavouables. Le mystère demeure.

D'autres zones d'ombre planent sur la vie sentimentale du Maître de Vienne. Compte tenu des nombreuses aventures qu'on lui prête, comment ne pas penser que Freud se complaît à jouer les saintes nitouches quand, sur le tard, il écrit : « Je suis partisan d'une vie sexuelle infiniment plus libre bien que j'aie peu usé moi-même d'une telle liberté. » D'ailleurs, soudain soucieux de nuancer cette affirmation, il ajoute : « Simplement dans les limites de ce que je considérais comme m'étant permis dans ce domaine. » Or, comme Freud n'était absolument pas religieux, les permissions qu'il s'octroyait ne pouvaient lui être dictées que par sa manie du secret et par son souci du qu'en-dira-t-on. Préoccupation éminemment bourgeoise, voire puritaine, conforme aux principes du milieu viennois dans lequel vivait Sigmund.

Sans doute, aussi, cet homme qui avait fondé ses théories sur la suprématie de la sexualité et qui, de ce fait, s'était fait traiter de pornographe par toute la Faculté, ne souhaitait-il pas prêter le flanc aux ragots touchant à sa vie personnelle. Résultat, on ne parlait jamais de sexe chez les Freud. Quand le Christophe Colomb de la libido découvrit que ses enfants ignoraient ce qui fait la différence entre un bœuf et un taureau, il leur suggéra de s'adresser au médecin de la famille afin qu'il les éclaire sur ces choses. Déjà rigoureux s'agissant des animaux, le tabou était absolu concernant les personnes et tout spécialement l'entourage familial. Comme l'explique Martin, le fils aîné de Freud, à propos de sa tante Minna : « Il ne m'est jamais venu à l'esprit qu'elle puisse avoir des jambes ! » Encore moins un sexe. De fait, le sexe de Minna reste un mystère aussi bien caché dans les biographies qu'il l'était sous les longs jupons de cette belle-sœur de Freud.

Aussi discrète qu'une ombre, Minna Bernays est omniprésente dans la vie de Sigmund : « Ma confidente la plus intime », écrit-il à Fliess le 21 mai 1884. Année terrible pour Minna. Alors âgée de dix-neuf ans, elle est fiancée à un ami de Freud, Ignaz Schönberg. Mais celui-ci est tuberculeux. En juin 1884, il apprend, de la bouche de Sigmund, que son cas est désespéré. Aussitôt, il rompt ses fiançailles avec Minna pour l'épargner et la libérer de sa promesse. Quand il mourra, en février 1886, elle décidera de demeurer à jamais célibataire.

Une métamorphose s'opère alors dans le personnage de cette jeune femme menue, au visage allongé et aux traits aigus. Son corps s'alourdit et son regard s'enfonce dans un faciès joufflu qui la fait paraître plus âgée que Martha, de quatre ans son aînée. Mais à l'inverse de sa sœur, Minna est spirituelle et, dans les conversations, fait preuve d'un esprit curieux et caustique. D'où une totale connivence avec Sigmund. Surtout après qu'elle fut venue s'installer à demeure chez les Freud, au 19, Berggasse, en 1896. Cette cohabitation permanente a nécessairement favorisé leur intimité. Au point que Minna ne peut accéder à sa chambre qu'après avoir traversé celle de Sigmund et de Martha dont elle n'est séparée que par une porte. Ces détails matériels ont leur importance. Ils montrent que la configuration des lieux imposait aux membres de la maisonnée un certain méli-mélo de leur vie quotidienne. Seul le Maître disposait d'une antichambre, d'un bureau et d'un cabinet de travail que la famille appelait le « sanctuaire », absolument inviolable.

Martha règne en souveraine sur l'organisation domestique, abandonnant à Minna le rôle de partenaire qu'elle est incapable d'assumer auprès de son mari. C'est donc Minna qui fait face à Sigmund lors d'interminables parties de tarots ; c'est elle qui partage avec lui ses lectures, qui recueille ses réflexions sur l'état de ses travaux, qui rit à ses mots d'esprit, qui potine sur leurs amis... Et qui finit par s'identifier à celle qu'elle n'est pas, n'hésitant pas, parfois, à se présenter comme « Madame Freud » quand elle répond au téléphone. Martha semble ne prêter aucune attention à cette relation complice qui s'affirme au cours des années.

Jusqu'à quel degré d'intimité cette complicité fut-elle poussée ? Pour parler clair, Sigmund et Minna ont-ils été amants ? Bon nombre d'auteurs ont enquêté sur cette histoire, comme des détectives spécialisés dans les constats d'adultère. Certains ont mené très loin les investigations. L'un d'eux, Peter Swales, est allé jusqu'à affirmer que la liaison de Freud et de sa belle-sœur a duré plusieurs années et que Sigmund a même aidé Minna à avorter. Allégations sans preuves. De plus, au regard de l'histoire de la psychanalyse, peu importe que Freud ait, ou non, couché avec sa belle-sœur. Cette histoire n'a d'intérêt que si elle nous éclaire sur le personnage de Freud et sur ses propres mécanismes de défense contre ses pulsions sexuelles. En ce sens, la vie cachée de Sigmund est l'illustration même de ses théories.

C'est ce qu'a bien compris Jung lorsqu'il a cédé, une fois encore, à son goût pour le commérage en racontant les confidences que lui aurait faites Minna quand il se rendit au 19, Berggasse, le 2 mars 1907, quelques jours après sa première entrevue avec Freud. Jung affirme que Minna lui confia alors qu'elle était très troublée, et même culpabilisée, par les rapports extrêmement intimes qu'elle entretenait avec Sigmund. Ce genre d'aveu peut paraître surprenant. Mais il n'est pas invraisemblable que Minna ait voulu prendre les devants pour se disculper, aux yeux de Jung, des ragots sur ce ménage à trois qui faisait jaser les milieux médicaux viennois. Freud, manifestement, feignait de les ignorer. Quant à sa femme Martha, pour reprendre le langage prosaïque de leur servante Paula Fichtl, témoin assidu de leur vie quotidienne : « Peut-être préférait-elle que cela reste dans la famille. »

De fait, indépendamment de ce qui peut se passer au domicile des Freud, Martha semble très bien accepter que Sigmund et Minna partent seuls en voyage. Ainsi, en août 1898, ils visitent tous deux le lac Poschiano, au Tyrol : « Endroit fééeriquement idyllique ! » s'exclame Freud dans la lettre qu'il adresse à sa femme pour lui faire partager son enthousiasme. Ces escapades se succéderont au cours des années. En 1903, ils s'absentent ensemble pendant deux semaines, d'abord à Munich et à Nuremberg, puis à la montagne : « Pour fuir les chaleurs de la ville. » Pendant l'été 1905, c'est encore avec Minna que Freud part pour sa destination préférée, l'Italie : ils visitent Vérone, Milan, le lac de Côme, Lugano, le lac Majeur, puis Gênes. Au total, au cours de ce seul voyage, vingt-trois excursions effectuées côte à côte par ce couple étrange partageant les joies de la découverte et l'intimité des étapes, à l'hôtel et dans les auberges.

En août 1907, quelques mois après les confidences embarrassées qu'elle avait glissées dans l'oreille perverse de Jung, Minna rejoint Sigmund dans le train à destination de Bolzano. De là, ils partent pour Florence qu'ils visiteront pendant cinq jours. Nouvelles griseries touristiques sur le sol d'Italie. Mais Minna devra attendre 1913 pour que Freud l'emmène enfin à Rome, sa ville de prédilection, où ils passeront « dix-sept jours délicieux », comme l'écrit Sigmund qui n'oublie jamais d'envoyer à Martha, lors de chaque voyage, de longues lettres, des cartes postales ou des télégrammes lui permettant de suivre, pratiquement au jour le jour, les pérégrinations de sa sœur et de son époux. Elle-même ne voyage que rarement, pour rendre visite à sa mère, à Hambourg, ou pour se reposer à la montagne ou dans des villes de cures thermales. Minna et Sigmund ne dédaignent pas, eux non plus, d'aller « prendre les eaux », comme on disait alors. C'est ce qu'ils font, en 1919, après la longue période des privations dues à la guerre de 1914-1918. Martha, toujours patraque, est en convalescence dans un sanatorium. Est-ce ce qui incite Freud et sa belle-sœur à prendre le large à l'autre bout du pays ? Toujours est-il qu'ils s'offrent un séjour à Badgastein, où ils résident, pendant un mois, dans un hôtel de luxe. Ils y retourneront en 1923. Cette fois, le reste de la famille est en vacances à Lavarone où les rejoindront, plus tard, les inséparables Sigmund et Minna.

Tout ce petit monde se comporte comme si les escapades du Maître et de sa belle-sœur étaient purement touristiques et platoniques. Et pourquoi pas ? Freud lui-même n'a-t-il pas écrit à Minna, en 1883, à l'époque lointaine de ses propres fiançailles avec Martha : « Je compte sur ton amitié chaleureuse et sans équivoque » ? Le hic de l'affaire, c'est que, justement, l'équivoque, aujourd'hui encore, continue de peser sur la réalité des rapports entre Freud et Minna. Et que, comme ce fut le cas pour Fliess, les héritiers du père de la psychanalyse ont agi avec une telle maladresse que le doute ne peut que subsister.

En 1989, il fut enfin possible de lire la correspondance entre Freud et Minna : seul moyen de faire la lumière sur la vraie nature de leurs relations et, le cas échéant, de clouer le bec aux médisants. Peter Gay eut accès à ces documents. Il en conclut que rien, dans ce qu'il avait pu lire, n'apportait la preuve d'une « intimité physique » entre Freud et sa belle-sœur. Mais ce qui est fâcheux, comme l'a constaté un autre témoin, Paul Roazen, c'est qu'il existe — pour la période 1893-1910 — un vide dans la collection des précieuses lettres numérotées et conservées à la bibliothèque du Congrès, à Washington. Lacune d'autant plus troublante que la période concernée recoupe celle des voyages effectués par Sigmund et Minna à des époques où leurs relations paraissaient particulièrement « idylliques ». En outre, les registres établis au musée Freud de Londres, avant que les lettres ne soient transférées à Washington, font notamment état d'une correspondance entre Sigmund et sa belle-sœur au cours de l'année 1898.

On a donc bien, délibérément, fait disparaître des documents. Pour quelle raison, si ce n'est pour escamoter des textes trop explicites sur la liaison de Sigmund et de Minna ? Si tel est le cas, les censeurs ont manifestement fait fausse route. D'autant que Freud, dont la gloire résiste vaillamment, depuis plus d'un siècle, à des péripéties diverses, n'a plus grand-chose à craindre de la curiosité des voyeurs. Lui-même ne s'est pas privé de se livrer à cet exercice, avec complaisance. Non seulement lorsqu'il provoquait le déballage des confidences les plus secrètes de ses patients allongés sur son fameux divan, mais aussi en intervenant directement dans la vie privée de ses proches, comme ce fut le cas pour son ami Ferenczi et, plus tard, pour sa fille Anna.

Sandor Ferenczi, c'est Don Juan dans la peau de Mr Pickwick, le héros bedonnant imaginé par Charles Dickens. Dans sa correspondance avec Freud, il n'hésite pas à se définir lui-même, sans aucun sens du ridicule, comme une « bête de volupté », perpétuellement accaparé par sa « recherche exagérée de la jouissance ».

En réalité, ce petit homme rondouillard satisfait son obsession du sexe dans une vie amoureuse digne d'un vaudeville que Freud désigne gentiment comme le « théâtre intérieur » de son cher disciple : un enchaînement de flirts ponctués par quelques caleçonnades dans des cagibis d'hôpital et dans des hôtels borgnes de Vienne et de Budapest. Déchiré entre ses aspirations sentimentales et ses pulsions testiculaires, Ferenczi expie ses contradictions dans la souffrance de son corps. Sa vie est une longue plainte narcissique sur ses misères viscérales et ses phobies syphilitiques.

Tous ces faits pourraient paraître imaginaires s'ils n'étaient abondamment décrits et commentés en direct dans la correspondance assidue que Freud et Ferenczi ont échangée, pendant plus de dix ans, parfois au rythme de deux ou trois lettres par semaine : source inépuisable d'informations et de confidences sur la vie intérieure des deux personnages étalant complaisamment leurs états d'âme sur eux-mêmes et sur leur entourage.

C'est fin 1909 que commence la liaison entre Ferenczi et Gizella Palos, une femme mariée, de huit ans son aînée. Cette dame a deux sœurs : l'une, Magdalena, a épousé Lajos, le frère de Ferenczi ; l'autre, Sarlota, sera aussi, occasionnellement, la maîtresse de Sandor Ferenczi. Voilà qui n'est déjà pas simple. Or, Gizella a aussi une fille — la jeune et sensuelle Elma — que sa mère confie à Sandor pour qu'il la prenne en analyse. Elma est alors éprise d'un jeune homme dont elle va, peu à peu, se détacher au fur et à mesure que progresse son analyse. Effondré, le garçon se tire une balle dans la tête. Ce ne sera pas le seul cadavre de cet obscur mélodrame. Ni les derniers sanglots d'Elma qui, culpabilisée, sombre dans la déprime. Ferenczi redouble alors d'ardeur pour aider la jeune fille à vaincre sa névrose. Il fait si bien que bientôt — transfert et contre-transfert aidant — le voilà qui tombe amoureux de sa patiente. En outre, et comme par hasard, il éprouve simultanément un soudain « détachement libidinal » à l'égard de Gizella, la mère. En d'autres termes, il ne la désire plus. Fin du premier acte.

C'est alors — deuxième acte — qu'intervient Sigmund Freud, *deus ex machina*, qui va peser de toute son autorité sur le déroulement de cette idylle triangulaire, en prenant activement le parti de Gizella. « La fille — écrit-il, le 17 décembre 1911, dans une lettre confidentielle qu'il adresse à Gizella — n'aurait pas dû montrer si clairement qu'elle veut, tout à fait comme dans ses années d'enfance, refouler la mère et qu'elle ne désire rien d'autre que cela. » Mais à l'égard de Ferenczi, Freud tient un tout autre discours : « J'exprimerai mes félicitations de tout cœur quand vous me ferez savoir que le moment est venu, annonce-t-il à Sandor le 26 décembre 1911. Je ne peux contester qu'il y a une bonne chose dans la décision que vous avez l'intention de prendre [le mariage avec Elma]. Vous resterez ainsi en relation avec Mme G. [Gizella], qu'autrement vous auriez perdue. » Curieux langage. C'est tout juste si Sigmund n'incite pas son ami, indécis, à choisir la solution du ménage à trois. Et c'est bien ce qui va tenter Ferenczi : « J'ai la certitude que Gizella me restera fidèle, même dans le cas d'une union avec Elma », répond-il à Freud. Et il ajoute : « Je passe mes soirées chez Gizella et Elma, et je tente, à titre d'essai, la vie à trois. »

De son côté, Gizella se montre étonnamment conciliante, poussant l'abnégation jusqu'à insister pour que Sandor épouse Elma. L'avenir montrera qu'il s'agit en fait de sa part d'une manœuvre perverse. Pendant ce temps, dans les coulisses, c'est Freud qui tire les ficelles actionnant les marionnettes du trio. Conseillant Gizella, manipulant Sandor, il lui reste à influencer Elma. Rien de plus facile.

C'est Ferenczi qui la livrera lui-même entre les mains de Sigmund en le priant de la prendre en analyse. Ce que le Maître s'empressera d'accepter. Comme il acceptera plus tard de psychanalyser Ferenczi. Mais restons-en au cas d'Elma. En avril 1912, Freud conclura en ces termes son intrusion dans le destin des tourtereaux : « Pour vous deux, écrit-il à Ferenczi, je pense qu'il s'agit de vous regarder l'un l'autre d'une manière nouvelle, et de considérer tout le passé comme éteint. » Autrement dit, le temps est venu de tourner la page.

Acte III : Freud interrompt la psychanalyse d'Elma, devenue à ses yeux inutile. Mais, machiavélique, il confie sa patiente à Ferenczi afin que celui-ci parvienne lui-même à la conclusion qui s'impose. Le scénario fonctionne à merveille. L'analyse d'Elma par Ferenczi leur cause une souffrance réciproque. En fouillant leurs propres relations par rapport à Gizella, ils ressentent un sentiment de culpabilité qui finit par les accabler. Ferenczi craque le premier. Il décide de rompre avec Elma. Celle-ci s'accroche, clame son amour pour Sandor, invoque le désir d'enfant qu'il lui inspire. Cet ultime argument blesse cruellement le cœur de ce pauvre Ferenczi qui rêve de paternité. Mais il tient bon. Elma prendra le large. Un peu plus tard, elle épousera un journaliste américain, Hervé Laurvik. Nouvel échec : leur mariage sera rapidement dissous. Toujours écartelé, Sandor avoue qu'il ne lui reste plus qu'une issue, « être malade ». En plein désarroi, il se plaint de troubles divers, n'épargnant aucun détail dans ses lettres à Freud : les coliques qui succèdent à sa constipation, ses yeux exorbités — premiers symptômes de la maladie de Basedow qui le frappera bientôt — sans oublier son herpès génital...

Il faut dire que ce malheureux Ferenczi a commis, pour se consoler de sa détresse, quelques frasques dont il dresse complaisamment l'inventaire dans ses lettres. De passage à Vienne, il a couché avec une prostituée qui, dit-il, lui a « offert la possibilité d'une infection syphilitique ». À Budapest, il a une brève aventure avec une nouvelle infirmière de l'hôpital, tout en serrant de près une fille de salle complaisante. Ce qui ne l'empêche pas de satisfaire les avances de Sarlota, l'ardente sœur de Gizella. En revanche, il confesse aussi son impuissance sexuelle face à cette dernière qui, tenue au courant des moindres écarts de conduite de son amant, les lui pardonne, faisant ainsi preuve d'une surprenante mansuétude. Intelligente stratégie qui va bientôt conduire l'intrigue à son aboutissement.

Voici venu le quatrième acte. Ferenczi éprouve encore quelques réticences à épouser Gizella. Il sait qu'elle a passé l'âge d'avoir des enfants. Freud balaie cet argument en rappelant à son ami que tous deux avaient caressé l'espoir, quelques années auparavant, d'un mariage unissant Sandor à Mathilde, l'une des filles de Sigmund. Or, avec le tact qui le caractérise, ce dernier fait remarquer à Ferenczi qu'il n'aurait pas eu plus de chances d'être père avec Mathilde puisqu'elle s'est révélée stérile. Découragé, Sandor s'incline devant la fatalité. Aucun nouvel obstacle ne semble devoir se dresser contre le déroulement du complot ourdi conjointement par Freud et Gizella.

Le 24 mars 1917, cette conspiration connaît son apothéose : Ferenczi demande à Freud d'être son intermédiaire auprès de Gizella pour lui demander sa main. « Que votre volonté soit faite ! J'écrirai à Mme G. », s'empresse de répondre Sigmund par retour du courrier. C'est le triomphe du Maître : avoir amené Sandor à demander Gizella en mariage, tout en lui laissant croire qu'il est seul responsable de cette initiative, alors que c'est la volonté de Freud qui s'accomplit dans cette union. Il en fait lui-même l'aveu dans une lettre à Gizella : « J'ai ardemment souhaité de vous savoir unis. J'ai travaillé à la réalisation de ce souhait par les moyens les plus variés, directement et indirectement, dans la relation amicale et par l'analyse. »

On imagine l'émoi que de tels propos peuvent provoquer parmi les gardiens de l'ordre freudien. Car cette ingérence du psychanalyste dans les rapports sentimentaux entre ses patients viole les règles de neutralité que Sigmund a lui-même édictées. Il est vrai que la doctrine recèle de savantes ambiguïtés. En vertu du principe de la « technique active », l'analyste peut, dans les cas exceptionnels, peser sur les décisions du patient lorsque celui-ci, tel ce pauvre Ferenczi, se révèle incapable de briser lui-même ses blocages. Alléluia ! Le dogme est sauf.

Les mois passent. Les démarches de Gizella visant à faire accepter le divorce par son mari, Geza Palos, traînent en longueur. Elma n'hésite pas à intervenir auprès de ce dernier — son père — pour qu'il accepte cette séparation afin que Gizella — sa mère —, qui fut aussi sa rivale, puisse épouser Ferenczi. Le mélo touche à sa fin. Le divorce est prononcé le 9 février 1919. Le 1er mars ils sont mariés. Le jour même, Geza Palos s'effondre, raide mort, terrassé par un infarctus. « Coïncidence tragique ! » commente froidement Ferenczi, qui ajoute : « Ce ne peut être un hasard. » Rideau.

On n'attend plus que les applaudissements du public, le salut des comédiens et l'arrivée de Sigmund Freud, le metteur en scène. Cette impression théâtrale qui se dégage du jeu assumé par Freud dans la vie intime de ses proches et de ses patients n'est sans doute pas fortuite. Le père de la psychanalyse a toujours éprouvé une réelle fascination pour l'art dramatique. Il s'en ouvrira à Arthur Schnitzler, le célèbre auteur viennois de *La Ronde* et autres succès, en se définissant lui-même comme son « frère jumeau psychique », voire son double : « Votre sensibilité aux vérités de l'inconscient, de la nature pulsionnelle de l'homme — lui écrit Sigmund —, tout cela éveille en moi un étrange sentiment de familiarité... En me plongeant dans vos splendides créations, j'ai toujours cru y trouver, derrière les apparences poétiques, les hypothèses et les résultats que je croyais être les miens » : troublante analogie mêlant, dans l'esprit de Freud, la pensée du psychanalyste et celle du dramaturge.

À propos d'Anna, sa fille cadette qu'il appelle Antigone, c'est à la tragédie antique que Freud se réfère. Comme Antigone — seul soutien de son père, Œdipe, accablé par le destin — Anna sera totalement dévouée à Freud dont elle sera l'adepte, l'assistante, l'infirmière... Comme Antigone, elle mourra vierge. Sigmund la connaît d'autant mieux qu'il l'a prise secrètement en analyse, en 1918. Elle avait alors vingt-trois ans. Seuls quelques proches ont eu connaissance de cette relation psychanalytique entre le père et la fille. Elle se poursuivra pendant au moins trois ans. Et cela en totale contradiction avec les interdits que Freud a lui-même décrétés concernant les risques du fameux transfert qui consiste — pour la personne allongée sur le divan — à projeter ses pulsions amoureuses sur son psychanalyste, ou vice versa pour ce qui est du contre-transfert. Projection parfois assez scabreuse, surtout quand elle s'effectue en famille.

Très tôt, Freud a pris soin de protéger sa fille contre

les tentations amoureuses. En 1914, alors qu'elle a dix-neuf ans, il parle d'elle à Ernest Jones en la désignant comme sa « petite fille ». En fait, il redoute que son futur biographe, incorrigible séducteur, ne profite du voyage qu'Anna doit effectuer à Londres, au cours de l'été 1914, pour lui faire la cour. Sigmund commence par mettre en garde sa chère enfant : « Je sais de source sûre que le Dr Jones a sérieusement l'intention de demander ta main... Notre souhait est que tu ne te fiances ni ne te maries avant de mieux connaître les choses de la vie. » Par ailleurs, il avertit Jones en des termes plus directs : « Peut-être ne la connaissez-vous pas suffisamment, lui écrit-il à propos d'Anna. Elle ne s'attend nullement à être traitée en femme, car elle se trouve encore bien loin des désirs sexuels et a plutôt tendance à refuser l'homme. Nous sommes d'accord, elle et moi, qu'elle ne doit pas songer au mariage ou à de quelconques préliminaires, avant deux ou trois ans. » Autrement dit : « Pas touche ! »

Commentant avec humour cette attitude de père la Vertu, Peter Gay constate que Freud, en prétendant qu'Anna, jeune femme adulte, n'éprouve aucun désir sexuel, parle comme un bourgeois réactionnaire qui n'a jamais lu Freud. Mais, à la décharge de Sigmund, il faut admettre qu'il avait quelque raison de se méfier de Jones. En effet, l'année précédente, le fringant Dr Jones avait dû quitter précipitamment son poste à l'université de Toronto pour fuir le scandale. L'une de ses anciennes patientes l'avait dénoncé en l'accusant de ce que l'on n'appelait pas encore le harcèlement sexuel. Jones avait fini par admettre qu'il avait tenté d'acheter le silence de la plaignante. Il avait donc prudemment décidé de prendre le large et de s'installer en Grande-Bretagne.

Déjà, en 1912, ce cher Ernest était arrivé à Vienne accompagné de Loe Kann, sa très désirable maîtresse, que Freud devait analyser. Le Maître s'y employa tant et si bien que la belle Loe décida immédiatement de quitter son amant. Lequel s'était consolé illico en couchant avec Lina, une amie de Loe. Freud, qui n'ignorait rien de ces frasques, se doutait bien que Jones ne serait pas le chaperon idéal d'Anna pendant son séjour britannique. Pourtant, elle en revint apparemment saine et sauve. Sans doute avait-elle pu se fier à ses propres défenses.

Dix ans plus tard, elle est encore vierge. Freud semble s'en émouvoir sincèrement alors que son comportement protecteur n'est probablement pas étranger à la chose. À plusieurs reprises, dans ses livres, il décrit comment l'attachement excessif de la fille pour le père est source de complexes et de troubles névrotiques. En décembre 1927, il s'en inquiète auprès de son amie Lou Salomé : « Elle est pleinement indépendante sur le plan intellectuel. Mais elle n'a pas de vie sexuelle. » En réalité, Sigmund était parfaitement conscient de la nature réelle de la sexualité d'Anna : « Son cœur, son pauvre cœur a besoin de s'éprendre, et elle se lie passionnément à des amies femmes, l'une après l'autre », avait-il déjà confié à Lou Salomé.

Ces propos, émanant du propre père d'Anna, laissent évidemment supposer qu'elle était lesbienne. C'est aussi ce que laissent croire les cinquante années d'existence partagées par Anna avec sa compagne Dorothy. Riche Américaine, Dorothy était la fille du milliardaire Louis Tiffany, le roi de la bijouterie et de la cristallerie. Son mari, le Dr Robert Burlingham, souffrait de graves troubles psychiatriques — crises de dépression profonde et d'exaltation — difficilement supportés par sa femme qui, en 1925, décide de quitter les États-Unis pour venir s'installer à Vienne avec ses quatre enfants. Là, elle tente de retrouver son équilibre en se faisant analyser, d'abord par Theodor Reik, puis par Sigmund Freud. La proximité de son thérapeute lui devient tellement indispensable qu'elle finit, en 1928, par s'installer dans l'immeuble du 19, Berggasse, juste au-dessus de l'appartement des Freud. Anna et Dorothy feront vite connaissance. Une ligne téléphonique intérieure reliera bientôt les deux étages afin que les deux amies puissent se joindre plus facilement. Plus tard, elles loueront une maison de campagne à Hochrotherd, dans la forêt viennoise. Elles s'y rendent le plus souvent possible en compagnie des enfants de Dorothy qu'elles élèvent en commun. Tous quatre seront tour à tour analysés par Anna.

Robert Burlingham, profitant des quelques répits que lui laissent ses crises, fait quelques rares voyages à Vienne afin de garder le contact avec Dorothy et ses enfants. Il demande à Freud de le prendre en cure en espérant que la psychanalyse le guérira de sa psychose. Hélas, ce sera un échec. Comprenant que sa femme ne reviendra jamais vivre avec lui, il repart pour les États-Unis où il se supprimera, en 1938, en se jetant du quatorzième étage de son building.

Deux de ses enfants connaîtront, eux aussi, un destin tragique. L'une des filles, Mary, se suicidera en 1975, cinq ans après la mort de son frère aîné, Robert junior. Ce dernier s'est tué d'une overdose de somnifère, allongé sur le lit d'Anna, l'analyste de son enfance. Terribles épreuves pour les deux compagnes qui, pendant la Deuxième Guerre mondiale, exilées à Londres en même temps que la famille Freud, y avaient créé une crèche dans laquelle elles appliquaient leurs théories sur la psychanalyse de l'enfant.

Les biographes se montrent discrets lorsqu'ils évoquent la nature des relations entre Anna Freud et Dorothy Burlingham. La plupart d'entre eux glissent rapidement sur les rumeurs touchant à l'homosexualité d'Anna. Ils préfèrent s'en tenir à la formule lapidaire employée par Freud, en 1936, dans une lettre à Arnold Zweig, et dans laquelle il définit sa fille en ces termes :

« Une femme passionnée qui a presque entièrement sublimé sa sexualité. »

Il apparaît finalement que le seul homme qui ait jamais aimé Anna, c'est Jones : lui que Freud avait si énergiquement dissuadé de courtiser sa fille. En 1953, alors qu'il travaille à la biographie du Maître, Jones écrit à Anna : « Je vous trouvais et vous trouve encore extrêmement attirante... De toute façon, je vous ai toujours aimée, et d'une manière assez honnête. » Un peu plus tard, Anna, à son tour en veine de confidences, avoue à Jones que Joan Rivière a bien dû jouer un rôle dans la vie de son père puisqu'elle se souvenait d'avoir été jalouse d'elle. Qui était Joan Rivière ? Une jeune intellectuelle britannique qui avait traduit en anglais des œuvres de Freud, et que Jones avait lui-même analysée avant de la confier à Sigmund. Il semble qu'il y ait eu conflit entre les deux hommes à propos de cette dame. Discorde d'autant plus violente qu'elle réveillait en Freud ses propres contradictions. Il avait bien sûr, maintes fois, fait lui-même l'expérience du contre-transfert, ce sentiment d'amour ou de haine que le psychanalyste peut parfois éprouver pour son patient ou sa patiente, et qui, soudain, tel un boomerang, vient briser sa neutralité à l'égard de la personne allongée sur le divan.

Sigmund avait, pour la première fois, vécu cette expérience en 1900 — alors qu'il était âgé de quarante-quatre ans — lors de l'analyse de Dora, une jeune fille de seize ans, dont les tentatives de séduction ne l'avaient pas laissé indifférent. Il n'en avait été, par la suite, que plus ferme dans sa condamnation dogmatique des analystes qui cédaient au contre-transfert. Même si, personnellement, il n'avait pas toujours pu rester invulnérable. Sans doute pensait-il que ses propres défaillances justifiaient encore plus la rigueur de la doctrine qui pourrait se résumer par ce précepte : ne pas succomber à la tentation. Nombreux, parmi les plus grands analystes, furent ceux qui ne surent y résister. Ce fut le cas de Carl Gustav Jung.

Le prolixe cancanier de la psychanalyse ne fut pas lui-même à l'abri des critiques. En 1909 — peu de temps avant son embarquement pour les États-Unis, en compagnie de Freud et de Ferenczi —, il fut l'acteur d'un scandale longtemps occulté : son abandon aux charmes d'une jeune patiente de vingt ans, juive et russe, Sabina Spielrein. Alertée par une lettre anonyme, probablement expédiée par Mme Jung, la mère de Sabina intervient énergiquement auprès du séducteur de sa fille. Se voyant démasqué, Jung réagit en parfait goujat, faisant remarquer à la dame que sa fille n'était pas vierge et que, évidemment, il décidait d'interrompre l'analyse, non sans réclamer ses honoraires : « Au titre de dédommagement pour la peine [qu'il avait] prise. » Furieuse, Sabina tente de poignarder ce mufle, puis le dénonce en écrivant à Freud. Ce dernier, alors en très bons termes avec Jung, ne prend pas l'affaire au sérieux et disculpe son ami.

Or, en 1913, brutal retournement. Entre-temps, Sabina est elle-même devenue psychanalyste. Elle est aussi mariée et mère de famille. Cette année-là, la rupture est consommée entre Freud et Jung. Et, bizarrement, n'ayant manifestement pas gardé un si mauvais souvenir de sa liaison avec Carl Gustav, elle écrit à Sigmund pour tenter de réconcilier les deux rivaux. En vain. Freud lui répond en invoquant des arguments reflétant le sectarisme exacerbé qui l'agitait à l'époque. Déplaçant le sujet sur le plan des rapports entre juifs et chrétiens, il écrit : « Je suis guéri de toute séquelle de prédilection pour les aryens et je veux supposer, si votre enfant est un garçon, qu'il devienne un inébranlable sioniste... Nous sommes et restons juifs, les autres ne feront jamais que nous utiliser toujours, sans jamais nous comprendre ni nous respecter. » Et voilà comment une banale histoire de séduction adultère, évoluant de l'amour à la haine, s'achève en apologie de l'intolérance.

L'histoire de la psychanalyse n'est pas avare de ce genre de dérive. Un autre « fils adoptif » de Freud, Otto Rank, en fit l'expérience lorsque, après avoir quitté son maître viennois, il vint tenter sa chance à Paris, en 1926. Psychanalyste dissident, juif et étranger, il y est fraîchement accueilli. Sauf par René Allendy, médecin, analyste, homéopathe et alchimiste. Grâce à lui, Otto Rank rencontrera l'Américaine Anaïs Nin, amie de Henry Miller dont elle préfaça *Tropique du Cancer*, et avec qui elle partagea les nuits très agitées du Montparnasse de l'époque. Anaïs est analysée par Allendy dont elle est la maîtresse : « Un analyste amoureux est aussi aveugle que n'importe quel autre amoureux », écrit-elle dans son *Journal*. C'est à lui qu'elle confie le secret qui l'obsède : elle a couché avec son propre père. Mais elle ne tardera pas à mettre fin, en même temps, à sa cure et à sa liaison avec le Français, pour tomber dans les bras de l'Autrichien : « Je lui fais confiance, dit-elle à propos d'Otto. Nous sommes loin des banalités de la psychanalyse orthodoxe. Je sens une intelligence que le sentiment a rendue clairvoyante. » Mais Otto s'exilera à nouveau. Cette fois pour New York, d'où il adressera à Anaïs de pathétiques S.O.S. Elle ira le rejoindre, pour un temps, avant de le quitter, à jamais.

On pardonnera à cette exploration des coulisses de la psychanalyse d'avoir cédé à la recherche d'anecdotes plus ou moins scabreuses. Mais les analystes, qui ont fait métier de farfouiller dans la sexualité de leurs patients, se doutaient bien qu'on irait, un jour, fureter dans leur propre vie sexuelle. On en retire l'impression qu'il s'agissait, dans l'ensemble, de chauds lapins, l'expression pouvant d'ailleurs aussi s'entendre au féminin.

À en croire une grande historienne de la psychanalyse, Élisabeth Roudinesco : « Cette pratique qui mélange le lit, le divan et l'amitié fait toujours scandale. Pourtant, elle est d'une extrême banalité dans les mœurs de toutes les sociétés ; les analystes de cette génération sont pris dans la grande aventure freudienne de la sexualité où l'on ne parvient pas à faire la différence entre l'amour et le transfert, la passion et le passage à l'acte, l'amitié et l'inceste. » Autant dire que cette confusion des genres fait logiquement partie du développement de la psychanalyse.

À la génération suivante, Lacan se montrera digne des exploits de ses aînés. Il sera, lui aussi, un très grand séducteur. Les épisodes de sa vie amoureuse ne cessent de virevolter et de s'entrecroiser dans un marivaudage tourbillonnant. À Marie-Thérèse, une veuve d'un certain âge, attentive et cultivée, succède Olésia que vient de quitter l'écrivain Drieu La Rochelle. Puis il se marie avec la belle Malou. Mais à peine le jeune couple revient-il de voyage de noces que Lacan rencontre Sylvia, la jolie comédienne, épouse d'un autre écrivain, Georges Bataille. Ils seront amants. Sa femme et sa maîtresse attendront simultanément un enfant de lui. Plus tard, il cachera à ses trois rejetons légitimes l'existence de son autre fille qu'à l'époque il ne pouvait légalement reconnaître. Double foyer.

La duplicité de Lacan, banalisée, devient un mode de vie. Les années passent. Passent aussi les autres liaisons qu'il noue et dénoue avec des admiratrices, des élèves, des patientes. À en croire Philippe Sollers — un connaisseur —, Lacan aurait été « l'homme au trousseau de clefs ». Il aurait disposé, en permanence, de dix appartements où pouvoir dormir.

Comment croire, en découvrant la vie sentimentale des grands psychanalystes, qu'ils puissent avoir été des gens comme les autres ? « Ils l'ont été, rétorque un humoriste, lui-même psychanalyste. Mais tous ont soigneusement pris soin de ne jamais le montrer. »

## VII

## *Marie Bonaparte, la princesse du divan*

Elle se désignait elle-même comme la dernière Bonaparte. Mais son prestige provenait autant de l'éclat de sa propre personnalité que du nom qu'elle portait. S'il lui restait quelque chose de l'héritage de son arrière-grand-oncle impérial, c'était ce caractère que Mme de Staël, parlant de Napoléon, comparait au feu grégeois qu'aucune force de la nature ne saurait éteindre : « Un démon d'énergie », dira Freud de celle qu'il appelait la *Prinzessin,* la Princesse.

Elle était l'arrière-petite-fille de Lucien Bonaparte, l'artisan du coup d'État du 18 brumaire qui fit accéder son frère aux marches du pouvoir. Bien que, plus tard, il dût se réfugier à Rome pour s'être opposé aux excès d'autorité dont l'Empereur se rendait coupable à ses yeux. D'où, peut-être, une incidence sur les convictions républicaines de Marie Bonaparte qui prétendit parfois ne pas être bonapartiste.

Son père, Roland Bonaparte, fut un militaire contrarié. Sorti major de Saint-Cyr, il se vit refuser la carrière des armes par un décret de la République qui interdisait aux descendants de Napoléon de porter l'uniforme. Déçu, Roland se réfugia dans la botanique. Éminent spécialiste des fougères, il en identifiera plus de cinq mille variétés. Mais il collectionnait aussi habilement les écus provenant de l'immense fortune qu'il avait héritée de son épouse, Marie-Félix. Celle-ci était morte de tuberculose, un mois après la naissance de Marie. L'enfant fut donc élevée par ce père qu'elle adorait, et par sa grand-mère, Justine : une forte femme autoritaire qui, après avoir été enlevée puis emmenée en Corse par son amant — Pierre Bonaparte —, s'y était révélée une violente adepte de la vendetta.

Une telle généalogie devait peser lourd sur le caractère de la princesse Marie. En revanche, à part le nom, il lui restait assez peu de chose, en particulier peu d'argent, de la succession des Bonaparte. Mais sa mère, Marie-Félix, avait hérité d'une colossale fortune provenant de son père, François Blanc. Ce dernier, parfait nouveau riche, était le fils d'un modeste éleveur de vers à soie, dans le Vaucluse. François, lui, commença par filer un mauvais coton. Galérant d'un petit boulot à l'autre, il est successivement journalier dans les magnaneries, plongeur dans les gargotes, mais aussi joueur de boules et surtout grand amateur de poker, bésigue et autres jeux de cartes. Bref, François est un redoutable flambeur. C'est en tapant le carton qu'il rencontre un employé du télégraphe qui, de relais en relais, transmet les messages de Paris vers la province, et tout spécialement les cours de la Bourse. Soudoyé, le fonctionnaire communique à François les tuyaux qui lui permettent d'anticiper sur les cotations et de se constituer, grâce à ce stratagème, un joli magot. Bientôt, l'argent attirant l'argent, c'est l'opulence.

Quelques années plus tard, François rachète le casino de Monte-Carlo, devenant du même coup le promoteur de la principauté vers laquelle convergent les têtes couronnées et les magnats de l'industrie et de la finance. Ainsi sa fille, Marie-Félix, deviendra-t-elle l'héritière d'une des plus grosses fortunes d'Europe. Non sans éveiller la concupiscence des coureurs de dot, du moins parmi les familles qui étaient disposées à redorer leur blason sans trop se soucier des origines douteuses de cette roturière. Ce fut le cas de Justine, la mère du prince Roland Bonaparte, qui avait quelques comptes à régler avec le destin. Décidée à prendre sa revanche, elle négocia promptement le mariage de son fils avec celle qui allait devenir la mère de Marie Bonaparte.

Étrange parenté où les rejetons impériaux se mêlent à ceux de ruffians. Il est vrai que les Bonaparte avaient prouvé, depuis belle lurette, qu'ils savaient ne pas être trop à cheval sur les principes. S'inquiétant pour la vie de son épouse « poitrinaire », comme on disait alors, Roland s'empressa de lui faire rédiger un testament qui faisait de lui l'héritier de sa femme : à condition que tous deux aient auparavant procréé. Restriction superflue puisque Marie-Félix est déjà enceinte. Quatre mois plus tard elle meurt, après avoir donné le jour à la petite Marie. Roland se console avec ses fougères, dans l'opulence princière des propriétés familiales peuplées d'une importante domesticité.

Marie — telle que Célia Bertin nous la fait découvrir dans son admirable biographie de *La Dernière Bonaparte* — est élevée en solitaire, sous la garde de ses nounous. Malade, crachant le sang, on la couve en lui interdisant tout contact avec d'autres enfants. Intelligente, studieuse, « Mimi » — comme on l'appelle — s'enferme dans la lecture et dans l'imaginaire. À huit ans, elle parle l'allemand et l'anglais. C'est dans cette dernière langue qu'elle rédige les épisodes les plus secrets de ses cahiers intimes qu'elle appelle ses « Bêtises ». Elle y projette ses découvertes concernant son corps, en particulier son sexe dont elle sonde les mystères en se masturbant, en quête d'une volupté qui deviendra son obsession. Elle noircit ainsi des pages entières en développant ses fantasmes alimentés par l'écho des ragots que chuchote la maisonnée et dont Mimau, sa nourrice, lui livre complaisamment quelques clefs. On murmure que l'héritage de Marie-Félix a bel et bien été détourné par Roland. Du coup, ce dernier est soupçonné par Marie d'avoir empoisonné sa mère. Elle va jusqu'à s'imaginer qu'elle est elle-même menacée par ce père qu'elle aime follement.

Devenue adolescente, elle reporte ses passions sur des amoureux imaginaires : les comédiens qui, sur la scène des théâtres qu'elle fréquente, incarnent Œdipe et Hamlet. Mais voici que, dans l'entourage direct de Marie, un homme a deviné les émois secrets de la jeune fille alors âgée de seize ans. Il s'appelle Antoine Léandri. Il est marié, et sa femme vit, elle aussi, dans la grande maison du cours La Reine. C'est avec la complicité de son épouse que le Corse va embobiner Marie, lui faisant croire qu'il est amoureux d'elle. Il la flatte en feignant de la considérer comme une femme. Brun aux yeux bleus, la barbe en pointe, portant beau, il approche de la quarantaine. Légèrement bedonnant, il évoque plus Tartarin que Don Juan. Pourtant, Marie le trouve sublime. Frôlements, soupirs, baisers volés. Elle tombe dans le piège, écrivant des messages enflammés à son soupirant.

Mais Roland finit par surprendre le jeu de son secrétaire. Il le vire. Léandri abat alors ses cartes et fait chanter Marie : ou elle lui verse l'argent qu'il lui demande, ou il envoie aux journaux les lettres qu'elle lui a écrites. Marie raconte tout à son père. Lequel porte plainte contre le vilain filou qui rendra à Marie ses billets d'amour. Première et cruelle expérience pour la princesse, que son père décide de marier illico aux quelques prétendants qui commencent à se manifester, autant attirés par la fortune que par le titre. Ce sera le cas du prince Hermann de Saxe-Weimar, puis du prince Louis de Monaco.

Marie a d'autres projets. Elle veut faire des études,

devenir médecin, explorer la terre entière, rencontrer des personnalités, sortir enfin de cette atmosphère confinée où elle a vécu jusqu'alors. En 1907, à l'occasion d'une de ses sorties dans le monde, elle est présentée au roi Georges de Grèce. Œuvrant dans les coulisses, Roland Bonaparte intrigue afin que sa fille épouse le fils du souverain, ce prince de Grèce qui est danois et qui se prénomme Georges, comme son père. Ce n'est plus un jeune homme. Il a trente-huit ans. Il est grand et blond — à en juger par les quelques cheveux qui lui restent. Et il a les yeux bleu clair. Lorsqu'elle le rencontre, Marie, toujours romanesque, voit d'abord en lui un compatriote des deux héros de son enfance. Pour elle, ce prince qu'elle croit charmant, c'est Hamlet vivant au pays d'Œdipe.

En réalité, si Georges est bien né à Corfou, il a surtout vécu au Danemark dès l'âge de quatorze ans. C'est un Viking, un marin, inculte, qui ne lit que des romans d'aventures. Et encore, à condition qu'il sente le vent du large souffler dans les pages. Il fuit tout ce que Marie aime : l'art, le théâtre, la poésie, la musique. Mais elle le trouve gentil et doux, l'appelle « Sucre d'orge ». Elle l'épousera.

Célébré à Athènes, le mariage sera somptueux. Mais le soir des noces, Georges dit à Marie, en s'excusant de lui faire l'amour : « Je hais cela autant que toi. Mais il faut bien, si l'on veut des enfants. » À vrai dire, la princesse ignore si elle aime cela. Tout laisse croire qu'elle s'est mariée vierge. Elle n'en est que plus avide de connaître, enfin, cet orgasme dont l'évocation a troublé ses lectures. Aussi le fiasco de cette nuit nuptiale, qui allait donner le ton des rapports conjugaux de Georges et de Marie, pèsera-t-il lourd sur la sexualité de la jeune femme.

Elle commence par assumer sa frustration en se grisant de mondanités étourdissantes dans un tourbillon de dentelles et de toilettes vaporeuses. Son Altesse joue son rôle comme un personnage de conte de fées, entre valses, baisemains et sourires sous voilette. Elle donne toutes les apparences d'une épouse amoureuse de son prince, se pliant de bonne grâce aux contraintes du protocole : voyages, inaugurations, réceptions... et devoir conjugal. Elle mettra au monde deux enfants, dans l'ordre propre à ce que l'on appelle « le choix des rois » : un fils aîné, Pierre, puis une fille, Eugénie.

C'est aussi en famille que le prince Georges donne libre cours à ses pulsions sentimentales. La passion qu'il refuse à sa femme, il la réserve à son oncle, le beau Waldemar de Danemark, si séduisant dans son uniforme d'amiral. Il a quinze ans de plus que Georges qu'il a pris sous sa protection lorsque, adolescent, le prince s'est senti délaissé par ses parents : « C'est l'être que Georges aime le plus au monde », écrit ingénument Marie en constatant que son époux sanglote chaque fois qu'il lui faut se séparer de Waldemar. Elle n'en dira pas plus sur le jugement que lui inspirent d'aussi étranges relations. Réservant ses confidences à son journal intime, elle adressera à son mari ce reproche secret : « Ton corps adverse aux corps féminins, ton corps comme ton âme, fixé chastement, mais ardemment au seul Ami. »

Chastement ? À l'évidence, Marie refuse de chercher où se situe la frontière entre les réalités qu'elle camoufle sous les mots ardeur et chasteté. En fait, elle a compris que la virtuelle virilité du prince trouve son exutoire dans les pratiques de matelotage plutôt que dans le lit conjugal. Aussi ne va-t-elle pas tarder à expérimenter sa libido avec d'autres hommes. D'abord — par vengeance — en flirtant avec Waldemar, puis avec le fils aîné de ce dernier, Aage, qui l'embrasse à la dérobée en lui racontant ses frasques auprès des petites femmes de Paris. Simples amuse-gueules. Les choses deviendront plus sérieuses avec l'un des frères de Georges, ce « jeune et vulgaire soudard » qui, à l'en croire, l'initiera à toutes les postures du *Kama-sutra* : « Jours orgiaques ! » note-t-elle dans son carnet. Mais elle reste sur sa faim, impuissante à jouir de cet orgasme qui se dérobe à son désir. D'où cette recherche effrénée du partenaire idéal qui lui fera connaître l'acmé du plaisir. Au mâle brutal succède l'expert raffiné. En l'occurrence, Albert Reverdin, un jeune chirurgien suisse. Puis un certain Lembessis, le chambellan de son mari, dont les méthodes protocolaires n'auront pas plus d'effet que la fougue du médecin.

Expériences fugaces qui lui révèlent le complexe qui va la hanter toute sa vie : elle est frigide. Terrible dépit pour cet être assoiffé de plaisirs charnels et intellectuels. Poursuivant sa quête sur ces deux registres, elle aura une longue liaison avec Aristide Briand — bouillant leader de la gauche française —, plusieurs fois ministre et chef du gouvernement. Cultivé, séducteur, il a vingt ans de plus que Marie. Ce qui n'empêche pas les deux amants d'exhiber leur passion au vu et au su du tout-Paris, ridiculisant le pauvre Georges.

Négligeant toute prudence, la princesse est tellement fière de son grand homme qu'elle n'hésite pas à se rendre à l'Assemblée nationale pour y applaudir les discours du talentueux orateur. Un jour, lors d'un important débat sur la politique de paix, la célèbre journaliste Geneviève Tabouis entendra Marie confier à sa voisine : « Regardez de quoi il a l'air. Il marche comme un souteneur. Mais tout à l'heure, il redescendra de la tribune avec l'allure d'un seigneur. »

Leur liaison durera quatre ans. Toutes les péripéties en sont fidèlement consignées par Marie dans le cahier spécial qu'elle consacrera à cette folle passion et qu'elle intitule : « Le bonheur d'être aimé ». Aimé ou aimée ? L'orthographe du mot jette une ambiguïté sur la nature réelle du sentiment qu'il prétend révéler. En revanche, en 1919, la conclusion du fameux cahier, elle, sera limpide : « Épilogue — écrit Marie —, j'ai appris que, depuis un an, il aime une autre femme. Fin ! »

Est-ce vraiment si simple ? Car Marie a la plume oublieuse, comme si elle cherchait à se disculper elle-même. En effet, avant même de rompre avec Aristide, la princesse s'était jetée dans les bras de celui qui deviendra son amant le plus constant : un médecin brillant et infiniment séduisant dont elle protégera toujours l'anonymat dans ses cahiers en le désignant simplement comme « l'Ami ». Secret absolu. L'homme avec lequel elle partage cette vraie passion est marié à une très proche amie de Marie. L'incognito n'a été levé que récemment. On sait aujourd'hui que cet amant caché n'était autre que le Dr Jean Troisier, futur professeur agrégé et membre de l'Académie de médecine, époux de Geneviève Ollivier, l'une des confidentes de Marie. La princesse prodigue à Jean ses caresses et ses largesses, œuvrant discrètement pour le financement de son laboratoire à l'Institut Pasteur. Plus tard, elle achètera un terrain à Saint-Tropez, près de la maison des Troisier, pour y faire construire sa villa « Le Lys de Mer ».

Les amants useront de tous les subterfuges pour donner libre cours à leur passion érotique, jusque sur les pelouses du parc de Saint-Cloud. N'hésitant pas à s'évader grâce au petit train de l'Ouest parisien pour aller s'ébattre dans les bois de Chaville, avec ou sans muguet. Mais Jean est parfois cynique, pervers même, et assez sadique pour reprocher à Marie, toujours aussi désespérément frigide, de lui donner moins de plaisir que sa femme Geneviève. Leur amour, chaotique, n'en demeure pas moins intense : « Il m'aimait — soupire Marie — malgré ses partages, malgré ses cruautés. » Pourtant, la princesse, tout en maintenant ses rapports avec Jean, prendra bientôt un amant d'appoint, le psychanalyste Rudolph Loewenstein qu'elle surnommera le

« Lion », et qui incarnera la nouvelle passion de Marie : la psychanalyse.

C'est René Laforgue qui guidera les premiers pas de la princesse vers le royaume freudien. Elle a rencontré, en 1923, ce médecin alsacien qui vient de soutenir sa thèse sur l'affectivité des schizophrènes. Il se voit bientôt confier la première consultation de psychanalyse à l'hôpital Sainte-Anne, à Paris, d'où il commence à entretenir une correspondance assidue avec Freud. Marie essaie de faire comprendre à Laforgue qu'elle aimerait bien tenter une analyse avec lui. Mais le jeune praticien fait la sourde oreille, intimidé par cette femme qu'il trouve un peu trop « virile ». Il la présente à Otto Rank, de passage à Paris. Marie comprend vite qu'il vaut mieux avoir affaire au bon Dieu qu'à ses saints. C'est par Freud qu'elle décide d'être analysée. Non sans une arrière-pensée très précise : ne pas seulement se confier comme patiente au Maître de Vienne, mais aussi comme future adepte de la nouvelle science. Sollicité par Laforgue, Freud, qui ne fréquente guère les princesses, craint de voir venir s'échouer sur son divan une mondaine dans le style bas-bleu, bavarde et pédante. Il pose ses conditions, draconiennes. Marie s'y soumet.

Le 30 septembre 1925, elle débarque de l'Orient-Express en gare de Vienne, s'installe à l'hôtel Bristol, sur le Ring, en face de l'Opéra. Le lendemain, elle sonne à la porte du 19, Berggasse. La rencontre avec Freud est une sorte de coup de foudre platonique. Il a alors soixante-dix ans. Elle en a quarante-trois. Mais le regard et la parole de cet homme au visage de prophète provoqueront un choc chez cette femme, un jaillissement, une renaissance. « Je suis complètement emballée ! » écrira-t-elle à Laforgue, au soir de ce premier rendez-vous avec Freud. Celui-ci n'est pas moins conquis par l'aisance et l'intelligence de cette princesse qu'il imaginait impériale, et qui l'englobe soudain dans l'intimité de son univers aristocratique en lui demandant, à lui — ce vieux snob qui s'ignorait —, de l'appeler « Mimi » comme une midinette.

Sigmund n'est pas au bout de ses surprises. Un jour, au cours d'une séance d'analyse — comme elle le raconte elle-même dans ses cahiers — elle dégrafe soudain son corsage et lui fait admirer ses seins dont elle est si fière, surtout depuis que Gilliès, un célèbre chirurgien esthétique de Londres, les lui a « corrigés ». Et ce n'est pas tout. À peine remis de son étonnement, il entend sa *Prinzessin* lui dire, sur un ton badin :

« Je suis sûre que vous avez un sexe impressionnant.

— Peut-être ne l'est-il pas tellement, répond Sigmund avec malice. Mais vous n'en saurez rien. »

Aurait-on jamais imaginé, sans les confidences de Marie Bonaparte, ce qui pouvait parfois se dire derrière la porte capitonnée du sanctuaire freudien ? Rien d'étonnant à ce que Paula Fichtl, la bonne de la maison Freud, ait fantasmé sur la nature des visites que de jolies femmes rendaient au Professeur. « Pour sûr, confiera-t-elle au journaliste Detlef Bethelsen, elles étaient toutes amoureuses de lui. Je le voyais bien quand elles pressaient Monsieur contre leur poitrine. Souvent, il avait les joues toutes rouges. »

Paula, elle, en savait long sur les mensurations sexuelles de son patron. L'ayant surpris nu dans la salle de bains, elle dit avoir été très impressionnée par le spectacle qui s'était alors imposé à elle. On pourrait donc croire que si Freud joue au modeste quand la princesse le provoque gentiment à propos des attributs de sa virilité, c'est parce que, dès l'âge de quarante ans, il affirmait ne plus avoir la moindre excitation sexuelle. Mais la plupart de ses biographes n'ont jamais cru à cette fable vraisemblablement due, selon eux, à une déprime passagère.

Concernant Marie Bonaparte, Freud avait vite compris

qu'il avait affaire à une authentique obsédée du sexe. Se livrant à une lecture psychanalytique des cahiers de la princesse, il est convaincu que celle-ci, dès sa petite enfance, a été la voyeuse attentive de plusieurs ébats sexuels dignes des exploits érotiques du « divin marquis » de Sade. Marie proteste. Elle affirme qu'elle n'a pas le moindre souvenir de tels actes de luxure. D'autant que, même lorsqu'elle était bébé, elle n'a jamais dormi dans la chambre de ses parents. Et pour cause, sa mère était morte peu après l'avoir mise au monde. Freud insiste. Il oriente l'analyse sur l'évocation des nurses de la princesse. Celle-ci, de retour à Paris, interrogera l'un de ses vieux domestiques, Pascal, l'ancien palefrenier des Bonaparte, qui finira par raconter qu'il avait eu, jadis, des relations sexuelles aussi frénétiques qu'assidues avec les nourrices de Marie — Rose, puis Lucie — qui s'abandonnaient, devant le berceau de la petite Mimi, aux assauts impétueux du laquais. D'où l'éveil, très précoce, de Marie à l'égard de la sexualité. Mais aussi, sans doute, l'explication de ses fantasmes et de ses frustrations entretenues par des pulsions insatisfaites. Elles le demeureront. Car Freud, malgré son génie, ne libérera jamais Marie de sa frigidité.

Acharnée, la princesse passera alors du divan à la table chirurgicale. Persuadée que son absence d'orgasme est due à une anomalie anatomique, elle se confie au bistouri du Pr Halban qui — à trois reprises —, entre 1927 et 1931, l'opérera afin de réduire l'espace entre son clitoris et son vagin. En vain. Charcutée, Marie n'en restera pas moins frigide. À jamais. La psychanalyse l'aidera à assumer cette carence qui la révolte. « Mon inconscient, écrit-elle à René Laforgue, est une bête féroce qui rugit, donne des coups de griffes et de dents, enfin, tout ce qu'on peut imaginer de plus affreux ! Heureusement que cette abominable bête vient d'être ramenée chez le dompteur. » Le dompteur, c'est Freud. Marie trouve enfin auprès de lui sa raison d'être : devenir l'impératrice de la psychanalyse.

À peine est-elle rentrée de Vienne qu'elle regroupe autour d'elle le noyau de la future Société psychanalytique de Paris. Toujours aussi généreuse, elle en assurera le financement tout en continuant de couvrir Freud de cadeaux. À Paris, elle deviendra la voix de son maître et traduira en français les œuvres du Viennois. Agissant en véritable *pasionaria* pour la gloire de Sigmund, lequel entretient peu de relations directes avec les psychanalystes français. Ceux-ci n'en accepteront que plus mal les volontés dominatrices de la princesse qu'ils surnommeront « Freud-m'a-dit ». Plus tard, Lacan, qu'elle déteste et qui le lui rend bien, l'appellera « la cuisinière ».

Mais restons-en aux années 1925-1930. À cette époque, inlassable touche-à-tout, Marie fait des stages dans des hôpitaux, participe à des séminaires, voyage à travers le monde, enquête sur l'excision des femmes africaines, poursuit ses études psychanalytiques... « Mais quand pourrai-je moi-même analyser, j'allais dire assassiner, des êtres vivants ? » écrit-elle à Laforgue en 1927. Cruelle ironie sur sa vision du psychanalyste ! Et touchante mansuétude pour les criminels : « J'aime les assassins ! s'exclame-t-elle. Mon grand-père n'en avait-il pas été un ? [En 1870, Pierre Bonaparte avait tué d'un coup de pistolet le journaliste Victor Noir.] Et mon grand-oncle Napoléon, poursuit Marie, quel assassin monumental ! »

La princesse est tellement fascinée par les meurtriers qu'elle ira interviewer, dans sa cellule, Marie-Félicité Lefebvre, vedette d'un procès en cour d'assises qui avait défrayé la chronique. Cette bourgeoise du Nord avait froidement tué sa belle-fille enceinte, sous le regard médusé de son fils, époux de la victime. Militant toute sa vie contre la peine de mort, Son Altesse, en 1960, signera encore des pétitions en faveur de l'Américain Caryl Chessman, condamné à la chaise électrique. L'année suivante, quelques mois avant de mourir, elle écrira *Les Faux Pas de la Justice*, où elle analyse les grands procès qui ont inspiré de sa part des réactions passionnées : l'affaire Dreyfus, l'exécution des anarchistes Sacco et Vanzetti, les meurtriers anglais Evans et Christie...

Dès qu'une manchette s'étale à la première page des journaux, Marie se jette fébrilement sur sa plume. S'agit-il de la montée du nazisme en Europe, elle fait aussitôt campagne pour que les États-Unis accordent un territoire en Californie pour la création d'un État juif. N'obtenant pas de réponse du président Franklin Roosevelt, elle suggère que l'on utilise dans le même dessein les colonies allemandes d'Afrique. Noble cause. Manifestement peu convaincante. Mais l'échec ne décourage jamais la princesse. Même si, parfois, elle a tendance à s'exprimer sur tout et n'importe quoi. Ce sera le cas en 1933, après la catastrophe du *City-of-Liverpool*, un avion qui avait pris feu au-dessus de la Manche. Se réclamant de son expérience de voyageuse, Son Altesse propose sa solution à la une du quotidien *Le Matin* : équiper tous les aéroplanes d'un plancher mobile qui, en cas d'incident, s'ouvrirait immédiatement sur commande du pilote, larguant ainsi, comme des bombes, tous les passagers opportunément équipés d'un parachute avant le décollage de l'appareil. Publiée en date du 1er avril, cette idée farfelue amusa beaucoup les lecteurs. Mais, dans l'esprit de Marie, il ne s'agissait nullement d'une plaisanterie.

De même, quand elle s'est enfin installée comme psychanalyste, en 1929, ses premiers patients ont eu un peu de mal à prendre au sérieux ses méthodes si peu orthodoxes. La princesse envoyait à leur domicile son chauffeur qui, au volant d'une de ses luxueuses voitures, les conduisait jusqu'à l'élégante propriété de Saint-Cloud. Là, elle les installait dans le parc et analysait leurs confidences tout en faisant du crochet, mollement assise dans une bergère de rotin. Ce genre de cure s'apparentant plus aux après-midi mondains de la duchesse de Guermantes qu'à l'austère climat des consultations psychanalytiques de René Laforgue à l'hôpital Sainte-Anne. Pourtant le recrutement des patients de Marie Bonaparte pouvait emprunter des voies plus vulgaires. On raconte que, se promenant un jour au bois de Boulogne, elle fut agressée par un exhibitionniste prompt à baisser son pantalon.

« Rentrez tout ça ! C'est sans intérêt, se serait exclamée la princesse. Mais j'aimerais bien vous en parler. Venez me voir demain chez moi. »

Elle ne le revit jamais. L'anecdote est douteuse. Mais elle montre à quel point la légende a fini par s'emparer du personnage de Marie Bonaparte, jouissant d'une lumière éblouissante dans la galerie de portraits des hauts dignitaires de la psychanalyse.

Quelle passion ! Quelle outrance ! Mais aussi, quelle lucidité sur elle-même ! À la fin de sa vie, cette femme qui, adolescente, rêvait d'être Jeanne d'Arc pour pouvoir s'habiller en homme, assume enfin sa bisexualité. « C'est, écrit-elle, dans les profondeurs de la chair maternelle que la nature a fait de moi — par le sexe — une femme ratée. Mais en revanche — par le cerveau — presque un homme. » Emportée par le cours de cette analyse ultime, elle découvre l'illusion fondamentale qui a gâché sa vie : « Je me suis moi-même trompée. Aveuglée par l'instinct, j'ai pris le désir pour l'amour. Mais, ajoute-t-elle, la plus grosse erreur, c'est Freud qui l'a commise. C'est lui qui s'est trompé. Il a surestimé sa puissance, la puissance de la thérapie et aussi celle des événements de l'enfance. »

Terrible sentence ainsi jetée sur le dogme dont elle était la plus ardente adepte et dans lequel elle avait investi sa foi et sa fortune. Ainsi la princesse, foudroyée par une leucémie le 21 septembre 1962, disparaissait-elle en reniant à jamais les deux forces qui avaient inspiré son extraordinaire énergie : le sexe et la psychanalyse.

# VIII

## *Les foudres du Vatican*

Freud : « La religion est condamnée ! »

S'étalant à la sixième page du *New York Times* daté du 27 décembre 1927, cette manchette qui présentait le dernier livre du psychanalyste viennois, *L'Avenir d'une illusion,* avait été soigneusement étudiée pour provoquer un tollé parmi les croyants américains. Or, il n'en fut rien. Sigmund n'y était pourtant pas allé de main-morte pour écrire ce qu'il pensait de la religion. Selon lui, la foi n'est qu'une illusion enfantine, une sorte de névrose que doit traverser tout individu pour passer de l'enfance à la maturité. Il n'est donc pas nécessaire de s'y attarder. « La vérité de la religion, écrit Freud, peut même être entièrement négligée. »

Deux ans plus tard, en décembre 1929 — comme s'il craignait d'avoir été mal compris — Sigmund récidive en publiant un nouveau livre, *Malaise dans la civilisation.* Il y critique la conception que l'« homme simple » se fait de la Providence qui, « pleine de sollicitude, veille sur sa vie en attendant que, dans une existence future, elle s'applique à le dédommager des privations subies ici-bas... Tout cela est évidemment si infantile — insiste Freud —, si éloigné de la réalité que jamais la grande majorité des mortels ne pourra s'élever au-dessus de cette conception de l'existence ». L'ouvrage connaît un succès relatif : douze mille exemplaires vendus en un an. Il faut promptement le rééditer. Mais en ces temps troublés par les suites désastreuses du Jeudi noir d'octobre 1929 et de la Grande Dépression qui allait ruiner l'économie mondiale, le « malaise dans la civilisation » dépendait moins de la crise des valeurs spirituelles que de la faillite générale et de la pauvreté que celle-ci engendrait. Bref, curés, rabbins, pasteurs avaient alors d'autres diables à fouetter.

L'Église catholique avait pourtant quelques raisons de se sentir particulièrement visée par les critiques de Freud. N'allait-il pas jusqu'à tourner en dérision le précepte de base du christianisme : « Aimez-vous les uns les autres » ? À en croire Sigmund, aimer tout le monde, c'est n'aimer personne. « Mon prochain ? J'avoue honnêtement qu'il mérite plutôt mon hostilité, voire ma haine. »

On comprend que le père de la psychanalyse, à la fois juif, mécréant, auteur d'une théorie qui réduit la religion à une névrose collective et qui considère Jésus comme un « individu halluciné », n'avait vraiment aucune chance de s'attirer les bonnes grâces du clergé catholique, apostolique et romain. Du coup, faute de n'avoir pu condamner Freud au bûcher, l'Église l'avait rejeté au banc d'infamie. D'abord, au cours des années 1920, lorsque le freudisme commençait à se développer mondialement, le clergé avait décidé de ne pas réagir directement, abandonnant aux ligues de vertu l'offensive contre ce que l'une d'elles appelait avec emphase : « La fange pornographique du sexualisme freudien. »

En Italie, terre catholique par excellence, la psychanalyse allait — encore plus que dans tout autre pays — subir les pressions écrasantes de l'Église. D'autant que c'est un juif de Trieste, Edoardo Weiss, un élève du Viennois, qui l'avait introduite dans la Péninsule. Pendant l'entre-deux-guerres, au cours des années 30, voulant couper court à toute velléité de développement de la pratique psychanalytique, le futur cardinal Felici — que nous retrouverons ultérieurement dans ses œuvres — publie, en latin, un texte jetant l'anathème sur les théories freudiennes. L'avènement du fascisme et les lois anti-juives de 1938 parachèveront la déroute. Edoardo Weiss finira par émigrer à Chicago.

Même aux États-Unis, les autorités catholiques vont bientôt s'inquiéter sérieusement de voir un nombre croissant de leurs ouailles abandonner le confessionnal pour le divan. Elles concluront donc à l'urgente nécessité de mieux définir les rapports entre le christianisme et la psychanalyse. Cette tâche fut confiée à deux professeurs de l'Université catholique américaine — un théologien, James Vanderveldt, et un psychiatre, le Dr Robert Odenwald — qui vont rassembler leurs réflexions dans un livre publié en 1948, avec l'onction de Mgr Patrick O'Boyle, archevêque de Washington. Conclusion des deux clercs : « La psychanalyse ne présente aucun danger si elle est administrée par un analyste qui s'appuie sur le roc de la philosophie chrétienne. En revanche, elle devient très pernicieuse si l'analyste est guidé par la philosophie matérialiste dont Freud s'est fait un si ardent champion. » Autrement dit, la psychanalyse n'est religieusement correcte que si on l'exorcise de ce redoutable démon nommé Sigmund Freud.

En France, à la même époque, un jeune prêtre, Marc Oraison, médecin, spécialiste en chirurgie urinaire, enrôlé parmi les baroudeurs du corps expéditionnaire français en Indochine, reprend le chemin de la Faculté catholique de la rue d'Assas, à Paris, pour y préparer sa thèse de théologie : « Vie chrétienne et sexualité ». Sujet périlleux dont le thème lui a été inspiré par l'étude des œuvres de Freud et de Louis-Marie Hesnard, pionnier français de la psychanalyse et de la sexologie. « Je maniais de la dynamite, en toute naïveté, sans le savoir », racontera plus tard le père Oraison. Appuyé par l'aile progressiste du clergé parisien, il soutient sa thèse en mars 1951. Avec un tel succès que la Faculté de théologie autorise la publication de ce document dans lequel l'auteur va jusqu'à critiquer le vœu de chasteté des prêtres. Bientôt, pour répondre à la demande, il va falloir éditer la thèse sous la forme d'un livre qui va circuler dans les paroisses et dans les séminaires où il devient vite un best-seller.

Embarrassées, les plus hautes autorités catholiques françaises ne bronchent pas. Le Vatican non plus. Mais soudain, en avril 1952, Mgr Felici, au nom de la curie romaine, déclenche les hostilités contre la psychanalyse accusée d'être l'inspiratrice de ces théories sacrilèges. Le prélat commence par jeter l'anathème sur cette « école de corruption ». Puis il s'en prend à cette prétendue « thérapeutique » qu'il juge, en fait, responsable de nouvelles névroses, comme celle du « transfert de caractère du médecin au patient ». Ce qui laisse entendre que le psychanalyste peut substituer sa propre personnalité à celle de son patient. On n'est pas loin du procès en sorcellerie.

Cinq mois plus tard, c'est le pape en personne qui fustige publiquement le sexualisme psychanalytique. Pie XII profite pour cela de l'audience qu'il accorde à trois cents médecins venus assister, à Rome, au premier congrès d'histopathologie du système nerveux. Un auditoire de praticiens — neurochirurgiens pour la plupart — plus enclins à recourir au bistouri de la lobotomie qu'à la psychologie des profondeurs. Aussi prêtent-ils une oreille plutôt complaisante aux propos du Saint-Père : « Pour se délivrer de refoulements, d'inhibitions, de complexes psychiques, déclare Pie XII, l'homme n'est pas libre de réveiller en lui, à des fins thérapeutiques, ces appétits de la sphère sexuelle, avec tous les ébranlements et les répercussions qu'entraîne un tel procédé. » Bien que, volontairement, le mot n'ait pas été prononcé, c'est la psychanalyse qui est ainsi accusée de jouer avec le feu en stimulant les ressorts secrets de la sexualité.

Ce message pontifical, une femme va le percevoir comme un signe lui enjoignant de réhabiliter la psychanalyse réprouvée par le Saint-Siège. Telle une Jeanne d'Arc des salons parisiens, elle sera guidée par ses voix intérieures dans l'accomplissement de sa mission. Cette femme s'appelle Maryse Choisy. Le père Marc Oraison, après l'avoir rencontrée, la décrit comme « un phénomène unique en son genre, très douée, et qui rêvait d'être la Marie Bonaparte de la psychanalyse catholique ».

Singulier personnage, en effet. Maryse Choisy a été élevée par sa tante, la comtesse Anne de Brémont, une mondaine qui avait reçu à sa table Gabriele d'Annunzio, Picasso, Gabriel Fauré... et qui n'avait pas hésité à faire le coup de poing pour défendre Stravinski lors de la bagarre du *Sacre du printemps.* Maryse semblait avoir hérité de ce bouillant caractère. Elle n'en est pas moins studieuse. Élève de Bergson, elle obtient sa licence puis son doctorat de philosophie qu'elle complète par un diplôme du Girton College à Cambridge. Entre-temps, elle a appris le sanscrit et commencé à lire les vieux textes védiques.

À dix-sept ans, elle écrit son premier roman, s'initie à l'hindouisme dans un ashram et se lance dans le journalisme. Elle y fera une carrière peu banale au *Matin* et à *L'Intransigeant.* Effectuant des reportages vécus, elle se glissera successivement dans le rôle de femme de chambre dans des bordels parisiens, mineur de fond dans les houillères du Nord, dompteuse de fauves dans un cirque, ouvrière d'usine, girl dans une revue de music-hall, vendangeuse en Bourgogne, infirmière dans un hôpital, aviatrice, garçon de café, assistante (déguisée en homme) d'un reporter italien visitant les monastères interdits aux femmes au Mont-Athos... Fascinante fringale d'action, et de publicité ! Ses reportages lui inspirent des livres à succès : *Un mois chez les filles, L'Amour en prison...* Des titres que n'aurait pas reniés Albert Londres, le célèbre journaliste de l'époque.

En 1926, elle présente une thèse sur les systèmes de philosophie hindoue Védanta et Samkya, puis s'embarque pour l'Inde : « Une immense pouillerie ! » Elle y rencontre le grand sage Rabindranath Tagore. Part pour la Chine. Revient en France, devient la maîtresse de l'écrivain Joseph Delteil, découvre la psychanalyse et se soumet à quatre cures : deux fois par des analystes freudiens, une fois par un adlérien, une fois par un jungien.

Mais — comme Marie Bonaparte — c'est Freud qu'elle veut. Elle fera par conséquent, elle aussi, le pèlerinage à Vienne, aura trois séances avec le Maître. Mais le quittera déçue, lui reprochant d'être un horrible phallocrate qui n'a rien compris à la mentalité des femmes. Aussi décide-t-elle de devenir elle-même psychanalyste. Puis elle fonde l'École suridéaliste qui n'a rien à voir avec la psychanalyse. Il s'agit plutôt d'un mouvement, éphémère, visant à regrouper les garçons et les filles de cette « nouvelle génération de sport, de muscles, de fer », celle de ces Rastignac revisités par Lindberg et qui se lancent à l'assaut de la réussite avec cette devise : « Que le meilleur gagne ! » Un brin élitiste.

Puis soudain, le choc ! Elle rencontre le père Pierre Teilhard de Chardin, un jésuite à qui l'étude de l'anthropologie inspire une vision globale du monde qui confère au Christ une dimension cosmique. Ses théories agacent la susceptibilité des théologiens du Saint-Office. Mais elles séduisent Maryse Choisy, au point de provoquer chez elle une véritable crise mystique. Toujours à l'affût du « scoop », *Paris-Soir* annonce qu'elle a pris le voile. C'est faux. À moins qu'il y ait eu confusion avec le voile de la mariée. En effet, elle épouse un certain Maxime Clouzet et mettra bientôt au monde une petite fille, Colette, pour qui elle écrira des contes d'enfant et des poèmes.

Quand éclate la Seconde Guerre mondiale, Maryse se réfugie à La Rochelle où elle se met à peindre d'innombrables portraits et autoportraits, très colorés, dénotant un savoir-faire qui surpasse le simple amateurisme. À la Libération, elle regagne Paris où elle créera bientôt *Psyché* : « Revue internationale de psychanalyse et des sciences de l'homme ». En 1952, la voici qui repart en Inde — équipée d'appareils médicaux et d'une batterie de tests psychologiques — afin d'exciter, ausculter, mesurer les émotions des yogis réputés impassibles. Soucieuse de compléter son carnet d'adresses prestigieuses, elle ne quittera pas le pays sans avoir rencontré le président Jahawarlal Nehru et sa fille Indira Gandhi.

C'est à son retour en France qu'elle prend connaissance du discours de Pie XII jetant l'opprobre sur la psychanalyse. Forte de ses récentes convictions catholiques, Maryse prend l'une de ces décisions extravagantes dont elle a le secret : elle demandera au Pape de réviser son jugement et — pourquoi pas ? — d'annoncer *urbi et orbi* la réconciliation entre l'Église et la psychanalyse.

Toujours aussi impétueuse, elle va employer les grands moyens. Plutôt que d'entreprendre une démarche individuelle et confidentielle, elle mijote une opération d'envergure, un « show » qui ne passera pas inaperçu : un Congrès international de psychothérapie qui se tiendra à Rome. Avec, en guise de clou du spectacle : un discours solennel que le Souverain Pontife prononcera spécialement à cette occasion. Et ça marche ! Le 15 avril 1953, menés par Maryse qui sourit triomphalement sous sa mantille noire, les congressistes sont reçus en audience au Vatican, dans la grande salle du Consistoire. Là, surprise ! Au lieu de se limiter à une brève allocution, le Pape lit, pendant plus d'une demi-heure, une déclaration dans laquelle il énonce la doctrine officielle du Vatican concernant la psychothérapie et la psychanalyse.

Les phrases du Pape tombent, une à une, comme autant de sentences. Leur contenu est vraiment très éloigné des paroles apaisantes qu'attendaient Maryse et ses amis. « Prenez garde ! prévient le Pape : on prétend aujourd'hui disposer de procédés permettant de scruter les profondeurs de l'âme. Or, la psychologie ne peut perdre de vue les préceptes obligatoires de la foi et de la morale... Ainsi, l'initiation sexuelle qui ne veut rien taire, rien laisser dans l'ombre, est-elle une surestimation pernicieuse du savoir. » Quant à la psychanalyse : « Qui se risquerait à prétendre qu'elle ne comporte aucun péril moral ? » Et Pie XII de dénoncer le danger que la psychanalyse fait peser sur la sauvegarde des secrets que tout individu « doit absolument taire, même au médecin, en dépit de graves inconvénients personnels ».

À ce stade du discours papal, Maryse et les congressistes comprennent qu'ils ne peuvent plus espérer la reconnaissance officielle de la psychanalyse par l'Église. D'autant que Pie XII poursuit son réquisitoire en soulignant l'impérative nécessité de ne pas confondre le divan et le confessionnal. Distinction évidemment fondamentale. « Aucun traitement psychologique ne peut guérir la culpabilité de l'individu qui a commis une faute, déclare le Pape. La psychothérapie — insiste-t-il — s'abuserait et abuserait les autres si, pour effacer le sentiment de culpabilité, elle prétendait que la faute n'existe plus. » Voilà qui porte un coup sévère à la catharsis, ce résultat salutaire de l'analyse qui extirpe de l'inconscient un fait qui y a été refoulé, justement parce qu'il culpabilise le patient. Le Saint-Père n'en reste pas là : « Le psychothérapeute, ajoute-t-il, ne peut lui-même rester neutre vis-à-vis du péché. » Il est donc invité à passer le relais au prêtre, seul habilité à prononcer le pardon. « Le médecin — conclut Pie XII — devrait plutôt adresser son client à Dieu et à ceux qui ont le pouvoir d'absoudre la faute au nom de Dieu. »

C'est la consternation parmi les psychanalystes du congrès. Ils quittent le Vatican avec l'impression que le Pape leur a intenté une sorte de procès pour concurrence déloyale. Son ultime message ne leur laisse qu'une seule chance de se concilier les bonnes grâces de la hiérarchie catholique : œuvrer pour la connaissance de l'âme afin de favoriser les aspirations religieuses de l'homme, et leur épanouissement. En d'autres termes, l'Église ne reconnaît la psychanalyse que si celle-ci se met à son service, le psychanalyste devenant, en quelque sorte, l'auxiliaire du curé.

Parmi les visiteurs auxquels le Pape vient d'asséner son discours, il en est un qui n'a pas du tout été surpris par la sévérité du propos. Et pour cause. Cet homme venait de vivre une expérience qui le plaçait vraiment dans une situation très singulière. Il s'agit du père Marc Oraison qui, l'année précédente, avait publié sa thèse, *Vie chrétienne et sexualité*, déjà évoquée plus haut. Attiré à Rome par le colloque de « la Choisy », il avait scrupuleusement assisté aux débats en tant que franc-tireur partisan de la psychanalyse en milieu catholique. Or, deux jours avant l'audience solennelle accordée par Pie XII, il avait fait l'objet d'une étrange démarche. Un mystérieux émissaire lui avait remis une convocation d'urgence au Saint-Office, nom que portait encore, à cette époque, l'ancienne congrégation de la Suprême-Inquisition — de sinistre réputation — créée par la papauté pour combattre l'hérésie. Marc Oraison comprend alors que sa présence à Rome a été signalée par la police secrète de cette redoutable institution qui, dit-il, « rappelait les intrigues des cours italiennes de la Renaissance ».

Au jour et à l'heure fixés, l'abbé se présente au Vatican. Un garde suisse le conduit dans un vaste salon doré et lui désigne un tabouret situé au pied d'une estrade, face à deux majestueux fauteuils, larges comme des trônes. Il attend là, seul, pendant plusieurs minutes, la gorge un peu serrée. Puis deux prélats pénètrent dans la salle et s'installent sur les sièges d'apparat. L'un d'eux est le cardinal Pizzardo, grand chef du Saint-Office : le second personnage du Vatican, après le Pape. L'autre est le cardinal Ottaviani, son adjoint.

« Votre livre est pernicieux. Il met la morale en danger, commence par déclarer le cardinal Pizzardo. Pour dispenser une bonne éducation de la sexualité, rien ne vaut la peur de l'enfer et une solide nourriture : épouvante, spaghettis et haricots », résume Son Éminence.

Accablé, le père Oraison entend alors les paroles que lui adresse, à son tour, le cardinal Ottaviani :

« Nous avons décidé de mettre votre livre à l'Index. En conséquence, sa diffusion sera interdite. Toutefois, nous ne publierons pas le décret de condamnation. Mais nous vous demandons d'expurger votre texte de toutes ses assertions insoutenables, concernant notamment vos critiques de la chasteté. Par ailleurs, nous adressons un blâme à la Faculté de théologie de Paris pour avoir accepté votre thèse. »

Marc Oraison quitte le Vatican en se demandant s'il n'est pas victime d'un mauvais rêve. Dès son retour à Paris, ses amis lui conseillent d'effectuer les corrections exigées. Il s'exécute et renvoie au Saint-Office son texte autocensuré. Soumission bien mal récompensée. Il ne reçoit d'autre réponse, en janvier 1955, que l'interdiction définitive de son livre.

Heureusement, au XX^e siècle, on ne brûle plus les hérétiques. Cependant il fallut un certain courage à Marc Oraison pour commenter, en ces termes, la sanction qui l'avait frappé : « Rien n'est plus difficile à supporter que la bêtise dogmatique. » Insulte qui vise évidemment le Saint-Office. En outre, l'abbé continuera de pratiquer des psychothérapies, en autodidacte, et deviendra, selon ses propres termes, « le pourvoyeur patenté des psychanalystes » auxquels il adressera de nombreux religieux et religieuses perturbés par le doute. Réaction immédiate de la très officielle revue, *La Pensée catholique*, qui le traînera dans la boue, décrétant qu'il fallait « fouetter l'abbé Oraison pour avoir introduit, jusque dans les cloîtres de la virginité consacrée, les infâmes remugles de son pansexualisme larvé ».

Mais le vent commence à tourner. Un théologien français — le père Roland Dalbiez — va exercer une influence déterminante en expliquant les théories de Freud dans les milieux catholiques. En 1958 — année de la mort de Pie XII —, c'est d'Irlande que souffle l'esprit de tolérance. Le père Peter Dempsey, dans la plus pure tradition jésuitique, prêche en faveur d'un compromis entre psychanalyse et catholicisme : « Les psychanalystes, écrit-il, ont commis des imprudences en traitant des sujets qui ne relevaient pas strictement de leur compétence. Ils ont erré béatement dans un cercle magique, oublieux du ciel et des étoiles qui se trouvaient au-dessus d'eux. » Magnanime, Dempsey leur tend la main : « En échange d'un peu plus de considération pour la foi religieuse, la psychanalyse pourrait profiter de la sagesse séculaire de l'Église. Et celle-ci pourrait s'enrichir de faits découverts par les psychanalystes. »

Avec le pontificat de Jean XXIII, s'ouvrira bientôt l'ère de l'*aggiornamento* de l'Église visant à s'adapter au monde nouveau. Évolution qui conduira au concile Vatican II qui sera inauguré le 11 octobre 1962. Logiquement, la psychanalyse ne devrait pas être oubliée dans ce grand élan œcuménique. Mais voici que survient un incident qui va compromettre la réconciliation de l'Église catholique et des chapelles freudiennes.

Au-delà d'une des deux vallées que domine le Popocatépetl, s'étend la ville mexicaine de Cuernavaca, immortalisée par le chef-d'œuvre de Malcolm Lowry, *Au-dessous du volcan.* En ces lieux se croisent d'étranges destinées. C'est à quelques kilomètres de là, à Santa Maria Ahuacatitlan, que fut fondé, en 1950, le monastère de la Résurrection. À l'origine de cette création, un père bénédictin d'origine belge, Grégoire Lemercier, qui voulait faire de cette institution un « foyer de renouveau liturgique ». Renouveau qui, débordant des murs blancs du pieux établissement, allait agiter toute la chrétienté. En effet, à partir de 1961, les moines de Santa Maria vont se soumettre à une expérience révolutionnaire : ils vont être systématiquement psychanalysés.

Instigateur de cette initiative, le père Lemercier avait été le premier à se confier à une psychanalyse individuelle menée par le Dr Gustave Quevedo, pionnier des psychothérapies de groupe au Mexique. Il avait été bouleversé par l'illumination qui s'était alors opérée en lui. Non seulement l'analyse lui avait révélé ses motivations les plus secrètes, mais elle lui avait aussi permis d'accéder aux origines les plus profondes de sa foi. Enthousiasmé, il avait décidé que tous les moines et les novices de l'abbaye seraient à leur tour psychanalysés. Son but : dépister les fausses vocations. C'est au Dr Quevedo que sera confiée cette tâche. Il sera assisté, pour se charger des plus jeunes frères, par Fida Zmud, une Argentine, qui sera la première femme au monde à recueillir leurs confidences les plus intimes. Ces deux analystes sont membres de l'Association internationale de psychanalyse dont le siège est à Londres. Et, critère apparemment décisif dans l'esprit de Dom Grégoire, ils ne sont pas catholiques. Les séances, qui durent une heure et demie, s'effectuent deux fois par semaine, par groupes de huit personnes. Toute la communauté s'y soumet librement. À l'exception de quatre moines, âgés de soixante-cinq à quatre-vingts ans, et qui ont préféré s'abstenir.

Discipliné, le père Grégoire avait pris soin d'informer de son projet l'évêque de Cuernavaca, Mgr Mendes-Arceo, qui lui avait accordé sa bénédiction. Seul un théologien, ami du bénédictin, l'avait mis en garde : « Vous venez dix ans trop tôt. Continuez votre travail en silence. » Le père avait retenu le conseil et recommandé la discrétion à son entourage : « Puisse notre expérience rester ignorée jusqu'en 1965. À cette date, je pourrai la présenter sans crainte, les résultats seront irrécusables. »

Mais comment éviter les fuites ? Les frères sont galvanisés par leur analyse. Leur ardeur au travail est littéralement exaltée. En outre, la plupart d'entre eux se découvrent soudain des pulsions créatrices insoupçonnées. Ils se mettent à jouer de la musique, à peindre sur les murs. En revanche, seule anicroche, désastreuse, leur foi s'effrite. Alors que Dom Grégoire, fort de sa propre expérience, pensait que les moines allaient consolider leur ferveur religieuse, la voilà qui s'évapore comme la rosée au soleil de la sierra Madre. Sur les soixante membres de la communauté, quarante quittent le monastère et se défroquent, la plupart d'entre eux se hâtant de prendre femme.

On jase à Santa Maria Ahuacatitlan et à Cuernavaca. Les rumeurs gagnent Mexico et bientôt Rome où se tient la quatrième session du concile Vatican II qui réunit les plus hautes autorités catholiques du monde entier. Or, on ne peut pas dire que la psychanalyse soit alors vraiment en odeur de sainteté au sein de cette dévote assemblée. Le secrétaire général du concile n'étant autre que le cardinal Felici, déjà évoqué à propos de sa condamnation de la psychanalyse, dès 1933, il est facile d'imaginer le travail de sape auquel il a pu se livrer dans les coulisses de Vatican II. Et pourtant, en novembre 1962, tandis que les évêques profitent des fêtes de la Toussaint pour s'accorder une petite pause, quelqu'un s'apprête à faire circuler dans les coulisses du concile un document anonyme, intitulé *L'Église et la psychanalyse.*

Ce texte audacieux prend la forme d'un avertissement : « L'Église, par son retard sur le monde économique et social, a déjà perdu la classe ouvrière. Elle perdrait une partie de la classe dirigeante par son retard sur le monde psychologique... C'est pourquoi la psychanalyse adresse à l'Église un défi transcendantal : repenser tout le monde chrétien en fonction de cette psychologie des profondeurs... Aussi est-il nécessaire que des prêtres et des religieux se soumettent à un traitement psychanalytique... Certaines paroles de Freud conduiraient enfin vers le dénouement de la crise moderniste qui continue à inquiéter l'Église avec raison. »

Préconiser la psychanalyse freudienne comme moyen de réveiller les consciences chrétiennes, voilà qui frisait la provocation. Qui donc avait pu se permettre une telle insolence ? Bien que, prudemment, le texte ne fasse aucune mention de l'expérience de Cuernavaca, quelques prélats y reconnurent la plume de l'évêque mexicain de Cuernavaca, Mgr Mendes-Arceo. Or, les avatars du monastère de la Résurrection n'avaient pas échappé à la sainte vigilance des éminences pour qui le nom de Freud était encore synonyme de Satan.

Le manifeste en faveur de la psychanalyse fut prestement jeté dans les corbeilles à papiers. Le concile avait d'autres sujets de préoccupation. En effet, le fameux *Schéma n° 13* concernant « Les rapports entre l'Homme et le Monde » devait définir les nouvelles positions de l'Église sur de nombreux problèmes délicats : l'attitude envers les juifs, les communistes, les francs-maçons, les armes atomiques, la régulation des naissances, l'avortement... Dans ce chapelet de résolutions, pas la moindre allusion à la psychanalyse, méprisée, rejetée. D'où ce nouveau constat amer et courageux de Mgr Mendes-

Arceo : « L'Église, à cause du dogmatisme antichrétien de certains psychanalystes, a pris une position qui rappelle le cas de Galilée. »

L'expérience de Cuernavaca fut enfouie dans le plus total oubli. Son instigateur — le père Grégoire Lemercier — finit, lui aussi, par se défroquer et par se marier, justifiant ainsi les craintes qu'il avait inspirées à la hiérarchie cléricale. Mais le débat sur la psychanalyse n'en demeura pas moins vivace dans les rangs du clergé. En témoigne un article publié, en 1966, par un jésuite — Philippe Julien — qui recommande aux catholiques de ne pas se livrer à un maquillage hâtif de la psychanalyse « comme on ferait la toilette d'un mort ». Manifestement, le cadavre de Freud bouge encore. Et ses théories continuent de vivre, même par le biais des critiques dont elles font l'objet. On ne peut donc les ignorer. Par conséquent, explique le père Julien, autant ne pas se priver des apports psychanalytiques : « Ils permettent au croyant de mieux prendre conscience de l'expérience dans laquelle il s'est engagé avec tout son psychisme et avec la violence du désir qui l'anime. »

Le pape Paul VI appuiera de son autorité ce retour en grâce de la psychanalyse. En juin 1969, dans l'homélie qu'il prononce à l'occasion de la canonisation de Julie Billiard, il évoque « l'exploration psychologique de la sainteté qui mérite tout notre intérêt, habitués que nous sommes par la psychanalyse à découvrir et à agiter le fond trouble de l'esprit humain ». Il s'agit là, incontestablement, d'une reconnaissance de fait de la psychanalyse. Mais elle est encore formulée du bout des lèvres.

Quatre ans plus tard, le 9 novembre 1973, lors de son audience hebdomadaire, Paul VI prend plus nettement position. Parlant de l'importance donnée à la psychanalyse, il commence par lui rendre un hommage remarqué : « Nous avons de l'estime pour ce secteur des études anthropologiques désormais célèbre. » Mais le

Saint-Père éprouve aussitôt le besoin d'atténuer son compliment, adressant trois reproches essentiels à la psychanalyse : « Pas toujours cohérente avec elle-même, ni toujours confirmée par des expériences satisfaisantes et salutaires, ni en accord avec cette science des cœurs que nous avons puisée à l'école de la spiritualité catholique. » Étranges propos. Paul VI s'exprime comme s'il attendait de la psychanalyse qu'elle s'inspire des méthodes de l'Église.

Telle n'était pas l'optique de Freud qui, à l'inverse, et dès 1909, se déclarait surpris de constater « l'aide extraordinaire que la psychanalyse est capable d'apporter au travail du prêtre ». L'avenir lui donnera raison. Après maintes péripéties relatées dans ce chapitre, c'est l'Église qui finira par assimiler, pour ne pas dire récupérer, les enseignements du freudisme. Nombreux sont les membres du clergé qui ont eu recours à la psychanalyse ou qui sont eux-mêmes devenus analystes. En revanche, il semble qu'aucun psychanalyste n'ait jamais choisi d'endosser la soutane : « Les affreux hérétiques que nous sommes — écrivait malicieusement Freud à son ami Oskar Pfister — sont tellement loin de ce milieu. »

# IX

## *Freud chez les Soviets*

Tatiana Rosenthal n'était pas dans la foule des manifestants qui, lors du « Dimanche rouge » — le 9 janvier 1905 —, fut dispersée à coups de fusils sur les marches du palais d'Hiver, à Saint-Pétersbourg. Mais, dès le lendemain, elle participait avec fougue aux discours qui exhortaient le peuple à se révolter. Ses talents d'oratrice, elle les avait déjà prouvés comme présidente des Étudiantes des écoles supérieures et dans les réunions clandestines du mouvement révolutionnaire auquel elle avait adhéré avec ferveur.

Mais l'année suivante, en 1906, pressentant peut-être l'issue de cette révolution ratée, elle quitte la Russie pour la Suisse afin de faire ses études de médecine, à Zurich. C'est là qu'elle découvre les œuvres de Freud. Elle jubile. Bien qu'il n'y ait guère de rapports — même en faisant preuve de mauvais esprit — entre *L'Interprétation des rêves* et *Le Capital*, c'est avec enthousiasme que Tatiana, dans sa tête, marie Freud et Marx. Elle sera, en quelque sorte, la fille — à la fois psychanalyste et marxiste — de cette étrange union. Et c'est bien sous ce double parrainage qu'elle reviendra à Saint-Pétersbourg, en 1911, dotée de son doctorat en médecine et de ses convictions politiques, toujours aussi ardentes. Elle sera l'une des premières psychanalystes de Russie. Il y en aura d'autres, à Moscou, Odessa, Kiev, Kazan. Une revue, *Psychothérapia*, assure la liaison entre ces pionniers du freudisme russe. Quant aux œuvres du Viennois, elles y sont diffusées avec une avance considérable sur d'autres pays. C'est le cas des *Conseils aux médecins pour le traitement psychanalytique*, publiés en russe dès 1913, alors qu'ils ne seront traduits en français qu'en 1953.

Propagandiste des théories freudiennes, Tatiana donne des cours de psychanalyse. Mais elle est aussi praticienne, médecin-chef d'un établissement où elle soigne des enfants névrosés. Avec la même vigueur, elle continue de militer dans les organisations antitsaristes. Et voici qu'en 1917 éclate la révolution d'Octobre. Dans l'esprit de Tatiana, Freud va soudain s'effacer devant Marx, et surtout devant Lénine. Il est vrai que le drapeau rouge qui flotte sur les bâtiments publics de Saint-Pétersbourg, rebaptisée Petrograd, s'impose à la jeune révoltée avec plus d'évidence que les subtilités du freudisme. Mais ce qui est très révélateur, dans le débat intérieur qui agite Tatiana, c'est qu'il fait apparaître toutes les contradictions qui vont bientôt opposer la psychanalyse et le socialisme soviétique.

Ce sont les théories sexuelles de Freud qui vont susciter les réticences de la jeune psychanalyste russe. Comme toute l'*intelligentsia*, elle a hérité de l'idéalisme et du moralisme vertueux exprimé par Gogol, Tolstoï, Gorki, Dostoïevski surtout, qu'elle connaît bien pour lui avoir consacré le seul ouvrage qu'elle ait écrit : *Souffrances et création chez Dostoïevski.* Ce stoïcisme, pudique, ne cadre pas avec la conception freudienne de la libido qui voit dans le sexe la source essentielle de l'énergie psychique. Lénine lui-même formulera crûment son jugement à l'égard de tous ceux et toutes celles qui, à l'instar de Freud, se sont mis à « farfouiller dans le sexuel ». Ce qui, néanmoins, peut paraître moins obscène que de s'acharner dans le cruel, comme va bientôt le faire l'organisateur de l'insurrection révolutionnaire.

Ainsi Lénine, dès le mois de décembre 1917, constatant son impuissance à lutter sur tous les fronts de la guerre civile, décide-t-il de créer la Tcheka, sinistre police politique dont il est le patron et à laquelle il accorde tous les pouvoirs. Entre 1918 et 1922, des centaines de milliers de personnes seront victimes de cette sanglante « terreur rouge » qui ne frappe pas seulement les monarchistes, mais aussi des paysans, des sociaux-démocrates, des ouvriers et des marins de la base navale de Kronstadt révoltés contre la dictature bolchevique. Ceux qui ne sont pas liquidés sont déportés dans les camps qui ne s'appellent pas encore les « goulags ». Cette vague d'épouvante va ruiner les plus profondes espérances de Tatiana Rosenthal. Ecœurée, elle met fin à ses jours au lendemain des « journées noires » de Kronstadt. Elle avait trente-six ans.

Avec elle disparaissait l'unique psychanalyste de Petrograd. Mais la même année, à Moscou, une autre femme reprend le flambeau. Elle s'appelle Vera Schmidt, spécialiste de pédagogie et compagne d'Otto Schmidt : un mathématicien rigoureux, aussi glacial que l'Arctique dont il a arpenté l'immensité pour la gloire de l'U.R.S.S. Il est aussi apparenté à Vladimir Schmidt, l'un des premiers militants du parti bolchevique, qui occupe le poste très convoité de commissaire du peuple au Travail. Un allié sûr et puissant. On aura compris qu'Otto sait se faire bien voir des hommes de pouvoir. Adepte pur et dur du matérialisme dialectique, il œuvre dans la ligne du Parti. Aussi se montre-t-il soucieux de soutenir la N.E.P, la « Nouvelle Politique économique », adoptée par le X^e^ Congrès. Pour que les jeunes participent plus tôt à l'effort de production, Otto propose que la formation professionnelle soit obligatoire dès l'âge de quinze ans.

Nous voici loin de la psychanalyse ? En apparence seulement. Car Otto est aussi le directeur des très officielles « Éditions d'État ». À ce titre, il publie tout ce qui paraît sur le territoire soviétique dans les domaines de la culture, des sciences, de la politique, donc de la propagande : des millions de livres dont la vente rapporte des sommes considérables à l'État. Du coup, les autorités lui laissent les mains libres. Otto en profitera pour glisser dans cette masse d'ouvrages les traductions d'œuvres de Freud que s'arrache l'*intelligentsia*. Pour le plus grand bonheur de Vera qui rêve de voir se développer la psychanalyse dans son pays, afin de pouvoir mettre en pratique les connaissances qu'elle a acquises en ce domaine.

Bientôt se trouvent réalisées les conditions favorables permettant de créer, à l'Institut psychoneurologique de Moscou, sous l'autorité du Pr Ermakov et du Dr Wulff, un « jardin d'enfants expérimental » dans lequel Vera exercera ses talents de psychanalyste. C'est dans ce milieu protégé qu'est aussi instituée, en 1922, une association psychanalytique qui compte parmi ses membres le Pr Blonskig, célèbre disciple de Tolstoï, membre du soviet de Moscou, et ami de la femme la plus influente du régime, Nadejda Kroupskaïa, l'épouse de Lénine. Voilà la psychanalyse russe installée dans ses meubles, sous l'efficace protection des « apparatchiks ».

Il ne lui reste plus qu'à se faire reconnaître par les freudiens des autres pays. Otto et Vera vont s'y employer. Dès 1922, ils adressent leur demande d'adhésion à l'Association internationale de psychanalyse (A.I.P.), dont le congrès se tient à Berlin, au mois de septembre. Déception. Malgré l'intervention personnelle de Freud, la demande des Russes est combattue par les Britanniques qui n'éprouvent guère de sympathie pour les Rouges. Adhésion refusée ! Mais les Schmidt sont têtus. Ils s'appliqueront, là aussi, à s'attirer les grâces des personnalités influentes, notamment d'Anna

Freud et de Marie Bonaparte, en leur adressant des documents sur l'activité du « Jardin d'enfants ». Puis, bouclant leurs valises, ils entreprennent un voyage diplomatique et se rendent auprès de Freud, à Vienne, et chez Karl Abraham, le secrétaire de l'A.I.P., qui réside à Berlin. Mission couronnée de succès. L'année suivante, au congrès de Salzbourg, l'Association moscovite est admise dans la grande famille psychanalytique internationale. Trop tard !

En effet, à Moscou, le vent a tourné. Le 21 janvier 1924, Lénine est mort. Il est aussitôt déifié. Staline accède alors au pinacle. Se présentant comme l'interprète posthume des volontés du leader bolchevique, il consolide les pouvoirs qu'il avait acquis à la tête du Parti dès les premières attaques cérébrales qui, en 1922, avaient écarté Lénine de ses activités. À cette même époque, le Politburo décide de mettre au pas les intellectuels. Staline ordonne à la toute-puissante Guépéou — la police politique qui vient de remplacer la Tcheka — de procéder à une nouvelle vague de répression dirigée contre les membres de l'*intelligentsia* — ces « pleurnichards hystériques », comme les appelait Lénine — et qui sont accusés d'« antisoviétisme ». Bientôt, les trains de déportation emportent vers les camps des centaines d'écrivains, de médecins, d'ingénieurs...

C'est aussi au cours de cette période que l'Association psychanalytique de Moscou commence à subir les attaques des bolcheviques « antisexuels » et « antifreudiens ». Le « Jardin d'enfants » de Vera Schmidt est visé par la rumeur publique. On murmure que les petits pensionnaires y font l'objet d'excitations sexuelles. Aussitôt les appuis d'Otto se dérobent, l'abandonnant à son sort. Après plusieurs inspections des lieux, le « Jardin d'enfants » est définitivement fermé, en juin 1924.

À partir de cette date, les destinées de la psychanalyse en U.R.S.S. vont être étroitement liées à l'agitation de la vie politique qui va aboutir, en 1927, à la défaite de Trotski. En effet, le leader « gauchiste » est un sympathisant des psychanalystes. Aspect plutôt insolite de ce théoricien de la « révolution permanente », organisateur de l'armée Rouge. Avant la guerre de 1914, il avait vécu sept ans à Vienne, en exil, après s'être évadé du camp de déportation sibérien où l'avaient expédié les juges tsaristes. Installé à Hütteldorf, dans la banlieue viennoise, il avait fréquenté les socialistes qui se rencontraient au Café central. Mais surtout, il avait relancé un petit journal révolutionnaire, *La Pravda,* dont le titre lui sera volé, plus tard, par Lénine, pour en faire le grand quotidien du Parti.

Trotski a alors pour compagnon d'exil le jeune Alexandre Ioffé, un étudiant en médecine, qui l'assiste dans la rédaction de *La Pravda.* Mais Ioffé est neurasthénique. Il se fait soigner par un disciple de Freud, Alfred Adler, dont la femme est russe. Le couple milite activement dans les rangs marxistes. C'est par l'intermédiaire de Ioffé et des Adler que Trotski finira par rencontrer Sigmund. « La psychanalyse, écrit-il, me paraît extrêmement séduisante, quoique bien des choses dans ce domaine restent encore flottantes et fragiles. » Trotski évite soigneusement de confondre les théories scientifiques de Freud avec « la mode d'un certain freudisme qui, dit-il, n'est qu'espièglerie et polissonnerie érotique ». Mais plus tard, il passera outre à ses propres réserves et plaidera, avec enthousiasme, en faveur de Freud. Et cela pour convaincre un interlocuteur de premier plan. Il s'agit, en effet, d'Ivan Petrovitch Pavlov, le grand biologiste. Découvreur incontesté des réflexes conditionnés, il a entrepris de démontrer que les humains réagissent comme les animaux à certaines stimulations. Prix Nobel de physiologie en 1904, il sera à la science soviétique ce que Lénine est à la politique. Littéralement statufié dans son personnage du « savant de génie, brillant comme le phare qui indique à la Science la voie à suivre ». C'est en ces termes dithyrambiques que le régime stalinien présentera les œuvres du grand homme. Sans oublier d'insister sur ses qualités de « fervent patriote de l'immense pays soviétique ».

En réalité, Pavlov, fils d'un pope, est très imprégné de convictions religieuses. Il fut pendant toute sa vie un antimarxiste entêté, en opposition fréquente aux bolcheviques. S'il a bénéficié de la protection de Lénine, puis de Staline, c'est parce que ces derniers avaient impérativement besoin de présenter aux foules admiratives un symbole vivant. Ils lui demandaient d'incarner dignement le matérialisme scientifique face aux principes humanistes que les maîtres du Kremlin qualifiaient d'« idéalisme réchauffé par la réaction ».

Pavlov assumait d'autant plus complaisamment ce rôle qu'en contrepartie le régime lui accordait généreusement tous les moyens et tous les honneurs qui lui permettaient de poursuivre ses recherches et de vivre comme ne vivaient plus les princes. Car, derrière les discours pompeux adressés à Pavlov, c'est une véritable guerre idéologique qui est engagée par le marxisme-léninisme : combattre la philosophie classique qui oppose l'esprit à la matière. Et prouver, au contraire — comme l'affirme Lénine —, que : « L'esprit est le produit le plus élevé de la matière. »

Une revue officielle — *Sous la bannière du marxisme* — véhicule cette doctrine parmi les élites du Parti. Lénine lui a donné pour mission de « mener campagne contre la culture féodale ». Mot d'ordre que Sacha Minime, l'un des rédacteurs de cette publication, traduira en ces termes : « Il faut jeter par-dessus bord la philosophie, support de la bourgeoisie, en lui opposant la science, rêve du prolétariat. »

Or ce n'est pas vraiment dans cet état d'esprit qu'à la même époque, le 27 septembre 1923, Trotski adresse à

Pavlov son plaidoyer en faveur de la psychanalyse : « Durant mon séjour à Vienne — écrit-il — j'ai côtoyé d'assez près les freudiens. J'ai toujours été frappé par le fait qu'ils allient le réalisme physiologique à une analyse quasi littéraire des phénomènes psychiques... La sublimation de l'énergie sexuelle, thème favori de l'école freudienne, est — poursuit Trotski — une création reposant sur les bases sexuelles des réflexes conditionnés. » Joli tour de passe-passe dialectique qui vise à convaincre Pavlov que — tel un Monsieur Jourdain de la physiologie — il fait du freudisme sans le savoir. Cet argument ne devait d'ailleurs pas tellement choquer le savant. En effet, en 1913, au cours d'une conférence, il s'était vanté de pouvoir démontrer expérimentalement certaines théories de Freud.

Dix ans plus tard, lors d'un exposé devant les étudiants de Kazan — l'université d'origine de Lénine — un psychanalyste, Alexandre Romanovich Luria, allait à son tour tenter de réhabiliter le freudisme en U.R.S.S. Comme Tatiana Rosenthal avant lui, il affirmera que la psychanalyse peut faciliter la compréhension des théories sociologiques du marxisme : thèse qui fut désignée sous l'appellation de « freudo-marxisme ». Mais en ces temps de rigueur idéologique, un tel raisonnement sera jugé comme délibérément provocateur. Devant la section scientifique du conseil d'État de l'Enseignement, le camarade Semachko réagira solennellement en invoquant le dogme matérialiste : « Les prétendus processus psychiques sont des fonctions du système cérébro-spinal. » Autrement dit : « Les actions, les pensées et les sentiments de l'homme ne sont que les produits de son cerveau et de sa moelle épinière. » En conséquence, le Conseil décida, à l'unanimité, qu'il n'y avait pas de place dans les universités pour des psychologues, encore moins pour des psychanalystes.

La chasse aux sorcières se poursuivit encore plus durement au plan politique. Après le dixième anniversaire de la révolution d'Octobre, l'opposition de gauche fut laminée par les staliniens. Le 14 novembre 1927, Trotski est exclu du Parti et condamné à l'exil. Le surlendemain, son ami, le fidèle Ioffé, devenu un brillant représentant de la diplomatie soviétique, se suicide, en proie à une ultime crise de désespoir. Devant le cadavre de son compagnon, Trotski prononcera des mots qui en disent long sur les sentiments que lui inspire cette vie gâchée par la ruine des idéaux de 1917. Il en profitera pour renier le préjugé favorable que lui avait inspiré le freudisme : « La Révolution, dit-il, avait fait beaucoup plus que la psychanalyse pour libérer Ioffé de ses complexes. »

S'amorce le « Grand Tournant » des années 1930. Staline triomphe. Sa bureaucratie règne sur tout le territoire soviétique. La Guépéou persécute désormais les « cadres bourgeois » considérés comme responsables des échecs de l'industrialisation. Cette purge ravage la fonction publique, mais aussi, une fois encore, ce qui reste de l'*intelligentsia* scientifique : savants, chercheurs, médecins... La plupart d'entre eux meurent en prison et dans les goulags. On assiste à l'élimination radicale des survivances dites « bourgeoises », dans le dessein d'instaurer un nouvel ordre social et moral.

Alors que la révolution de 1917 avait ouvert la voie à une libération des mœurs, en particulier de la sexualité, le stalinisme va prôner un puritanisme digne des presbytériens. Selon Makarenko, chantre de la pédagogie soviétique de cette époque : « La vie sexuelle de chaque homme et de chaque femme commence avec le mariage, en harmonie constante avec la famille et l'amour, pour être conforme à la morale sociale. » Dans cette nouvelle conception de la société, la moindre allusion à la psychanalyse devient plus que jamais incongrue. En 1933, l'*Encyclopédie soviétique* la condamne catégoriquement en la déclarant « inséparable de la démocratie bourgeoise » : suprême anathème qui met définitivement le freudisme hors la loi.

Quatre ans plus tard, une nouvelle vague d'épuration s'abat sur les cadres de l'économie accusés d'activités « trotskistes antisoviétiques ». Les intellectuels rescapés des précédentes purges n'échappent pas à cette campagne d'extermination baptisée *Ejovschina*, un mot qui évoque une épidémie meurtrière et qui, en réalité, s'inspire du nom du camarade Ejov, le directeur du N.K.V.D., la nouvelle police politique qui a absorbé l'ancienne Guépéou. Faisant appel à la délation, elle poursuit les « ennemis masqués du réalisme soviétique » : une appellation vague qui permet d'arrêter n'importe qui. C'est seulement après l'effondrement de l'U.R.S.S., en 1991, lorsqu'il sera possible d'accéder aux archives secrètes soviétiques, que seront chiffrés les ravages de cette terrifiante répression : au cours des années 1937-1938, les effectifs des déportés au goulag se sont encore accrus de sept cent mille personnes. Quant aux exécutions, elles ont fait au moins un demi-million de morts !

Rares sont les psychanalystes, surtout lorsqu'ils étaient juifs, qui survécurent à ce carnage. Ce fut pourtant le cas de Sabina Spilrein. On se souvient (voir page 116) de cette jeune femme, extraordinairement romanesque, originaire de Rostov-sur-le-Don, au pays des Cosaques. Comme Tatiana Rosenthal, elle avait été formée à la psychanalyse en Suisse, à Zurich. D'abord patiente, puis élève de Carl Gustav Jung, elle avait eu avec lui une liaison orageuse. Après obtention de son diplôme, elle avait quitté Zurich pour se rendre à Vienne où elle passa plusieurs mois dans l'entourage de Freud. Elle publiera ensuite plusieurs articles sur la psychanalyse, dont le commentaire d'un article publié dans la revue russe *Psychothérapia* par Alexandre Ioffé. Troublante prémonition, le compagnon de Trotski y développe longuement ses réflexions sur le suicide : la mort que choisira Ioffé.

En 1922, Sabina Spilrein est à Berlin, participant au Congrès international de psychanalyse. Autre coïncidence, elle y fait la connaissance d'Otto et de Vera Schmidt qui sont venus plaider, en vain, pour l'adhésion de leur association. Les trois Russes sympathisent. Grâce à cette rencontre, Sabina rentrera l'année suivante à Moscou pour travailler comme éducatrice dans le fameux « Jardin d'enfants » de Vera. Lequel, on s'en souvient, n'allait pas tarder à fermer ses portes, sur ordre du Kremlin.

Sabina finira par retourner au pays des Cosaques, à Rostov, où elle enseignera à l'université. Mais après 1937, elle devra se terrer pour échapper aux purges staliniennes qui frappent sa famille. Bref sursis. En 1942, c'est par les envahisseurs nazis qu'elle sera sauvagement exécutée, en même temps que ses deux filles.

Tatiana, Vera, Sabina, trois femmes dont le parcours se confond avec celui de la psychanalyse en U.R.S.S. Trois échecs, dont deux tragédies, celles de Tatiana et de Sabina. Mais le cas de Vera est sans doute le plus révélateur. En effet — dans la mesure où le couple Schmidt bénéficiait initialement de la protection du pouvoir politique — sa disgrâce prouve que la psychanalyse freudienne et le matérialisme marxiste sont vraiment incompatibles. Et pour cause. Comment l'étude des sentiments de l'individu n'apparaîtrait-elle pas tout à fait dérisoire, voire méprisable, au regard de l'édification d'une collectivité où l'individu, ayant fait abstraction de tous ses instincts personnels, vit totalement pour le groupe ?

Freud lui-même avait eu conscience de cette contradiction fondamentale. En 1917, il avait commencé par saluer la Révolution russe et son « importance pour l'avenir de la civilisation ». Mais son scepticisme et son humour avaient vite repris le dessus. En 1919, lors de ses retrouvailles avec Jones et Ferenczi, il leur raconte qu'il a récemment rencontré un jeune communiste qui l'a « à moitié converti au bolchevisme ». Ce garçon lui a affirmé que la Révolution amènerait quelques années de misère et de chaos, mais que cette période serait suivie de la paix universelle, de prospérité et de bonheur. Et Freud de conclure : « Je lui ai répondu que je croyais à la première partie de ce programme. »

Plus sérieusement, en 1930, dans son livre *Malaise dans la civilisation,* Freud exprime le fond de sa pensée sur le régime soviétique : « La tentative d'instauration, en Russie, d'une civilisation communiste trouve son point d'appui psychologique dans la persécution des bourgeois. Mais on se demande, avec anxiété, ce qu'entreprendront les Soviets quand tous leurs bourgeois auront été exterminés. »

Il n'est pas étonnant qu'après avoir formulé de tels propos, Freud ait été catalogué comme « bourgeois réactionnaire ». Pourtant, en U.R.S.S. ses écrits ne seront pas brûlés sur la place publique, comme ils l'ont été en Allemagne nazie. Ce ne sera pas nécessaire. À cette époque, l'État soviétique avait déjà éliminé la plupart des gens qui auraient pu être tentés de lire les œuvres du Viennois. Et ce n'était qu'un début.

Après la Deuxième Guerre mondiale, Staline déclenchera une nouvelle offensive idéologique qui visera pêle-mêle l'« influence de la décadence occidentale », les « aspirations métaphysiques », l'« individualisme petit-bourgeois ». S'y ajoutera une violente campagne antisémite qui atteindra son paroxysme avec le démantèlement d'un prétendu « complot des blouses blanches ». Réputée juive, idéaliste et dépravée, la psychanalyse sera, une fois encore, l'une des cibles privilégiées de la répression. Les déportations au goulag battront de nouveaux records.

En 1949, l'U.R.S.S. ne compte plus un seul adepte de la psychanalyse osant s'affirmer comme tel. Il y a déjà dix ans que Freud est mort, à Londres — comme Marx — mais la capitale britannique est alors devenue l'une des têtes de pont de l'impérialisme américain en Europe. Or, la « guerre froide » est à son apogée. Il faut donc effacer, dans les esprits soviétiques, les dernières traces qu'aurait pu y laisser la psychanalyse, désignée — dans la terminologie de l'époque — comme une « entreprise d'avilissement de l'homme réduit à ses instincts les plus bas ».

Lors de la célébration du centenaire de la naissance de Pavlov, Freud sera, une dernière fois, offert en sacrifice aux mânes du « génie de la physiologie soviétique ». Tous les arguments scientifiques ont été usés. Reste l'injure. Grand prêtre de la cérémonie, l'académicien Grashchenkov prononce l'ultime platitude : « Le freudisme dépasse le niveau d'absurdité qu'avait atteint Freud lui-même. » Argument évidemment un peu court. À l'évidence, le cœur n'y est plus. Ni l'esprit. À quoi bon ? La psychanalyse est déjà morte en U.R.S.S. Depuis longtemps broyée, anéantie. Quant au « freudo-marxisme », ce rêve de Tatiana Rosenthal, vomi par les Soviétiques, honni par les Occidentaux, il n'était même plus nécessaire de l'enterrer. Il avait été tué dans l'œuf.

# X

## *Le mystère Lacan*

Clôturant une vie faite d'embrouilles, la mort de Jacques Lacan, le 9 septembre 1981, fut un ultime acte manqué, son dernier gag. Bizarrement décédé sous un nom d'emprunt — celui de Gloria, sa secrétaire —, il fut enterré, subrepticement, après qu'une messe eut été célébrée en l'absence du cercueil. Comme si cette mort n'avait pas été prise au sérieux. « Tout fou Lacan », titra le journal *Libération*, en guise d'oraison funèbre. Le maître entrait dans sa légende, ou plutôt dans son folklore, emportant dans la tombe une agaçante énigme : qui était Lacan ? Quelle sorte d'homme avait donc bien pu être ce mystificateur ? Pour ses admirateurs : un génie charismatique, un prince de l'esprit, un saint même. Pour ses détracteurs : un fumiste, un guignol, un méchant parano.

Parmi ses disciples — que les divergences ont éparpillés en de multiples chapelles — la disparition du grand homme aggrave les dissensions. C'est carrément la guerre. À chacun son Lacan. Les exégètes se disputent à qui mieux mieux ses théories, s'arrachent ses idées, font tourner les tables — « Lacan es-tu là ? » —, invoquant l'approbation posthume du prophète. Entre ses proches, au sein même de la sainte famille, les conflits font rage, envenimés par les querelles d'héritage, la transformation de l'appartement du 5, rue de Lille en temple du lacanisme, la vente aux enchères du divin divan. Dans la presse, les péripéties judiciaires auxquelles donne lieu l'édition des *Séminaires* de Lacan prennent plus de place que la vulgarisation de sa pensée. Du coup, aux yeux d'un public de plus en plus perplexe, la personnalité réelle de ce gourou français de la psychanalyse est masquée à la fois par le vacarme des polémiques et la fumée des encensoirs.

Lacan lui-même est directement responsable de ce camouflage. Inspiré, dès l'adolescence, par un orgueil démesuré, il s'est fabriqué une identité factice. Tel un montreur de marionnettes, il tirait les ficelles qui activaient son propre personnage. « Magnifique et pitoyable Arlequin ! » dira un jour le philosophe Louis Althusser.

Déjà, sur une photo de famille prise en 1916, le jeune Lacan, alors âgé de quatorze ans, affiche — comme l'observe le psychanalyste André Green — un air « arrogant et séducteur », manifestement soucieux de « focaliser sur lui tous les regards et s'affirmant le seul admirable ». C'est dans ce narcissisme outrancier qu'il faut chercher la clef du mystère Lacan : « Une intelligence d'une acuité vertigineuse — dit encore André Green. Mais Lacan aura aussi tout fait pour être idolâtré, comme un chef de secte, avec le raisonnement typique du pervers. »

Adoré par ses fidèles, il sera à son tour fasciné par ce génie qu'il était devenu à ses propres yeux. Lacan amoureux de Lacan : à l'instar de l'enfant qu'il décrit dans le « stade du miroir », s'identifiant à sa propre image. Or, c'est au-delà de son reflet qu'il faut chercher le vrai Lacan. Dans la cruelle réalité des faits.

Écolier brillant, athée par réaction contre une mère bigote, révolté contre une famille conservée dans le vinaigre où elle avait fait fortune, dandy curieux de philosophie et admirateur de Maurras, Jacques flirte avec l'Action française avant d'endosser la blouse blanche des étudiants en médecine. Voilà, brièvement résumé, le début du parcours d'un parfait bourgeois de l'époque.

Le virage s'opérera en 1931, quand la destinée du jeune interne en psychiatrie de l'hôpital Sainte-Anne croisera celle d'une patiente hors du commun. Elle sera pour Lacan ce que Bertha Pappenheim, alias Anna O., fut pour Breuer et pour Freud. Avec des conséquences comparables : l'ouverture de Lacan à la psychanalyse. Mais aussi — comme ce fut le cas pour Anna O. — cette découverte ne se fera pas sans dommages pour l'intéressée dont la vie privée sera exploitée à des fins scientifiques. Attitude qui trahit déjà, de la part de Lacan, une inquiétante aptitude au cynisme, et même à la violence, qui se confirmera au cours des années.

Pourtant, cette jeune personne, il la nommera Aimée. Sous ce pseudonyme se cache l'héroïne d'un fait divers qui venait de défrayer la chronique. « Le geste d'une folle », avait titré *Le Petit Journal* : « Une forcenée, Marguerite Pantaine, tente de poignarder la célèbre actrice Huguette Duflos à la sortie du théâtre Saint-Georges, où elle tenait le rôle principal de la dernière pièce d'Henri Jeanson, *Tout va bien.* La comédienne n'est que légèrement blessée. » Quant à Marguerite, elle fut arrêtée par la police puis transférée à Sainte-Anne où elle fut traitée par Jacques Lacan.

Le « cas Aimée » servira de trame à la thèse de doctorat en médecine que soutiendra Lacan, en 1932, sur le thème de la « psychose paranoïaque ». Basée sur un drame aussi théâtral et mise en scène par un tel maître d'œuvre, l'histoire de Marguerite-Aimée — personnage romanesque, qui joue elle-même à la femme de lettres, en composant des poèmes — ne pouvait se réduire à un banal sujet d'étude. Sa vie devint un véritable feuilleton à rebondissements. Élisabeth Roudinesco en a révélé tous les épisodes dans son époustouflante biographie de Lacan. Son jugement est sans appel. D'après elle : « Le brillant psychiatre s'appropria le destin de cette femme pour construire un cas dans lequel il projeta non seulement sa propre représentation de la folie féminine, mais aussi ses obsessions familiales et fantasmatiques. » Plus grave encore : « Il déroba à Marguerite ses textes, ses photographies et toute l'histoire de sa vie avec une farouche avidité et sans jamais rien lui restituer. »

Ainsi commençait à se profiler le vrai visage de Lacan. Le voici, tel le Dr Faust, poussé à corrompre son âme et à s'emparer de celle de Marguerite, afin de satisfaire son ardent désir de savoir. Et nous ne sommes pas au bout de nos surprises. On découvrira, en feuilletant cet incroyable mélo, que Marguerite — celle de Lacan, pas celle de Faust — avait un fils, prénommé Didier. Lequel sera plus tard un brillant normalien, agrégé de philosophie. Attiré par la psychanalyse, il se soumettra à une cure didactique. Chez qui ? Comme par hasard, chez Lacan ! Or, ce dernier, bizarrement, ignorera, ou feindra d'ignorer, que le jeune homme allongé sur son divan n'est autre que le fils de sa chère Marguerite-Aimée.

De même Didier Anzieu — qui deviendra à son tour psychanalyste — ne saura pas que c'est sa mère qui a inspiré le cas Aimée. Lacan ne lui en souffla mot. Ce roman s'achèvera en apothéose lorsque Didier — là encore par pure coïncidence — retrouvera enfin sa mère devenue cuisinière. Chez qui ? Chez le père de Lacan ! Le cher Alfred. Et cela sans que Jacques Lacan n'ait jamais reconnu son ancienne patiente lors de ses visites au domicile paternel. Stupéfiante histoire qui révèle, chez le futur gourou de la psychanalyse française, d'incontestables talents de manipulateur. On pourrait même parler d'un don — quasi surréaliste — pour la dissimulation, voire même le mensonge.

Et justement. Lacan — c'est là un autre aspect de sa personnalité — s'était littéralement imprégné de surréalisme lorsqu'il était étudiant, séduit par ce mouvement contestataire qui avait explosé pendant les « années folles », en réaction contre la Première Guerre mondiale. Que proposait le *Manifeste du surréalisme* ? De libérer l'esprit en rejetant les contraintes de la raison. Allant jusqu'à considérer la folie comme une vertu créatrice. Voilà qui n'était pas pour choquer Lacan. Au contraire. C'est ce même type d'approche qu'il avait appliqué au cas Aimée lors de ses recherches sur la paranoïa.

Cette spontanéité psychique préconisée par les surréalistes, Lacan décida de l'observer — poussée jusqu'au paroxysme — chez Salvador Dali. Un beau jour de 1933, il alla frapper à la porte de l'artiste, comme ça, pour voir comment ça fonctionne un « génie paranoïaque ». Il ne fut pas déçu. Les deux hommes avaient alors à peu près le même âge : la trentaine. Dali venait d'illustrer de nombreuses revues surréalistes. Il fut emballé par la thèse de Lacan. Au point que, plus tard, il prétendit en être l'auteur. Se définissant comme un visionnaire, il préconise, comme moyen d'accéder à la création artistique, le recours au délire : cette « route sacrée conduisant au monde inconnu de la paranoïa ». « Tout ce qui terrorise les autres m'exalte », affirme-t-il. D'où la violence qu'il projette sur ses tableaux. Cette agressivité est d'ailleurs l'une des caractéristiques du surréalisme. « L'acte surréaliste le plus simple — selon André Breton — consiste, revolver au poing, à descendre dans la foule et à tirer au hasard, tant qu'on peut, dans la foule. » Découvrir ces envies meurtrières chez le chef de file du surréalisme, voilà qui est inattendu. Heureusement, cette violence est purement verbale. Elle n'en révèle pas moins les inquiétantes pulsions qui s'expriment à travers les mots.

Lacan n'ignore évidemment pas ce phénomène. Passionné par l'étude du langage, il s'intéressera plus tard aux travaux du Suisse Ferdinand de Saussure sur la linguistique. Bref, il sait ce que parler veut dire. On peut donc être surpris qu'il fasse preuve, lui aussi, d'une surprenante agressivité verbale. Avec d'autant plus de cruauté que c'est avec ses amis et ses patients qu'il est le plus féroce. Ainsi, au cours d'un de ses « séminaires », il lance à ses disciples l'une de ces vacheries qu'il affectionne : « Vous êtes partagés entre la bêtise et la canaillerie ! » C'est évidemment à travers le jeu de mots — « Lacan-aillerie » — qu'il faut interpréter l'injure. Mais, grâce à Freud, on sait quelle lourde part de cynisme et de violence expriment les calembours et les traits d'esprit.

Lacan en était friand. Se livrant continuellement à cette forme de brutalité qui consiste à briser le sens des mots. Par exemple, « perversion », dans la bouche de Lacan, devient « père-version ». Et « symptôme » se transforme en « syntomme », allusion phonique au « saint homme ». « Philosophie » se muant, par dérision, en « folisophie ». Le jeu ne consiste pas seulement à tirer les mots par les cheveux. Lacan l'érige en véritable système de pensée autour de son fameux « signifiant ». En vertu de ce concept, chaque parole prononcée par un individu trahit le véritable fond de sa pensée. Par exemple, l'homme qui dit à sa bien-aimée : « Tu es ma femme », peut, en réalité, avoir en tête : « Tuer ma femme. » Dans un tel cas, le calembour prend des allures de pousse-au-crime. Comprendra-t-on jamais l'enfer que vivent les couples lacaniens ?

Dans la vie quotidienne de Lacan, la violence verbale pouvait, parfois, s'exprimer d'une manière moins allusive, et devenir beaucoup plus brutale. Passant, dans le couloir de son cabinet, devant un patient qui attendait son tour, il lui jette — devant tous les autres analysants médusés : « Vous êtes encore là, vous ! Ah, ce que vous pouvez être chiant ! » Il lui arrivera même d'en venir aux mains avec certains consultants, sidérés de recevoir du maître une paire de claques trop appuyées pour être vraiment amicales, ou une volée de coups de poing dépassant largement le seuil de l'affectueuse bourrade. Voilà, en tout cas, ce qui devait clarifier le fameux « transfert », cette relation affective — amour ou haine — qui s'instaure entre le psychanalyste et son patient, ou sa patiente. Car il semble que certaines femmes n'aient pas échappé à ce « traitement ».

À la décharge de Lacan, on peut aussi imaginer qu'excédé par le comportement de consultants particulièrement pénibles, il se soit tout simplement laissé aller à un passage à l'acte auquel résistent mieux ses confrères, plus maîtres de leurs emportements. Mais, parmi ces derniers, combien jureraient-ils qu'ils n'ont jamais eu envie de gifler certains patients stupides ? « La psychanalyse, disait Lacan, peut guérir l'ignorance, mais elle ne guérit pas la connerie. » Citation célèbre, et rebattue, mais qui illustre bien, non seulement l'hallucinante franchise de Lacan, mais aussi cet autre paradoxe : son mépris pour ceux et celles dont il recherche néanmoins l'admiration et l'amour. D'autant plus avide de cette « lacanolâtrie » — comme on l'a appelée — qu'une très longue partie de sa vie s'est passée dans l'ombre. C'est seulement au début des années 50, alors qu'il a lui-même passé le cap de la cinquantaine, que Jacques Lacan accède à une notoriété jusqu'alors limitée au cercle des initiés qui fréquentent les présentations de malades mentaux, à l'hôpital Sainte-Anne. Or, au cours des dix années précédentes, il a très intimement côtoyé les intellectuels et les artistes dont la gloire a marqué l'après-guerre. Il connaît personnellement Jean-Paul Sartre, Simone de Beauvoir, Albert Camus, Pablo Picasso, Michel Leiris, Raymond Queneau, Maurice Merleau-Ponty... Il rêve de devenir célèbre, lui aussi, et d'accéder, enfin, à sa part de renommée.

Il avait bien essayé, au début de sa carrière, de se faire

remarquer par les grands noms de la psychanalyse. Mais ses tentatives avaient lamentablement échoué. Déjà, lorsqu'il avait envoyé à Freud sa thèse sur la psychose paranoïaque — le cas Aimée — il n'avait reçu en retour qu'une banale carte postale accusant réception de son envoi. Il n'aura jamais droit au moindre encouragement émanant du Maître dont il ne cessera pourtant de se réclamer. À vrai dire, se prenant pour un génie dès ses premiers pas dans le milieu « psy », il avait tout fait pour se faire détester. Même par les étrangers.

Ainsi, à Marienbad, en août 1936, lors du congrès de l'Association psychanalytique internationale. L'élite mondiale du divan est rassemblée là. Lacan, fringant, vient d'avoir trente-cinq ans. Voulant éblouir cet impressionnant auditoire, il s'apprête à discourir pendant au moins une heure sur son morceau de bravoure : « Le stade du miroir chez l'enfant. » Voulant amplifier l'effet de surprise, il a délibérément méprisé le règlement en se dispensant de communiquer au préalable le texte de son intervention. Outrecuidance qu'il va payer cher. Après moins de dix minutes, le président de séance l'interrompt sans ménagements. Amer, Lacan quitte la tribune et déserte le congrès, se jurant de ne jamais oublier l'humiliation qu'il vient de subir face à l'élite internationale de la psychanalyse.

Pur hasard que cet outrage ? Certainement pas. Le président qui avait si énergiquement saisi l'occasion qui lui était offerte de rabattre le caquet de Lacan n'était autre qu'Ernest Jones, très probablement inspiré par son amie Marie Bonaparte. Celle-ci se considère alors comme l'ambassadrice officielle du freudisme en France. Elle a d'emblée détesté Lacan, ce chien fou qui bousculait les usages du milieu psychanalytique, et dont elle avait deviné les ambitions ravageuses. En outre, Lacan avait entrepris sa propre analyse avec Rudolph Loewenstein qu'il agaçait prodigieusement et qui éprouvait pour lui une profonde antipathie. Or, Loewenstein était alors l'amant de Marie Bonaparte, et l'on peut imaginer que les propos, échangés sur l'oreiller par le couple, n'étaient guère favorables à Lacan.

Paradoxalement, c'est la guerre, la vraie, celle de 1939-1945, qui imposera une trêve aux querelles entre les tribus psychanalytiques. Mais à la Libération, les clans se reconstitueront et s'affronteront dans d'innombrables conflits, souvent dignes de Clochemerle. Intrigues, complots, calomnies, luttes d'influence... Il y a de quoi s'agiter. En effet, dans le petit monde du divan, on se demande qui seront les leaders de la jeune génération d'analystes. Au premier rang des futurs maîtres potentiels, Lacan va évincer tous ceux qui caressaient cette ambition. Il sera donc haï, cristallisant sur sa personne les rancœurs qui altéreront l'image de la psychanalyse en France.

Son cheval de bataille : le « retour à Freud ». En septembre 1953, à Rome, à l'occasion du congrès de la toute nouvelle Société française de psychanalyse, Lacan prononce son célèbre discours-fleuve qui fonde solennellement sa doctrine. Inspiré par les travaux des linguistes, il considère que la psychanalyse n'a comme seul moyen d'approche que la parole du patient. C'est par l'intermédiaire de ce langage que l'analyste accède à l'inconscient du névrosé, pour y retrouver les bribes du « discours enseveli ». Ainsi le patient est-il rendu à lui-même.

La méthode séduisit bon nombre d'adeptes. Lacan savoure enfin le triomphe de ses idées. Mais il commet une nouvelle gaffe sur le plan diplomatique. En se présentant comme le messie du « retour à Freud », il déclare ouvertement la guerre aux freudiens orthodoxes qui — sous la houlette d'Anna Freud — prétendaient incarner, au plan mondial, la pensée de l'illustre Viennois. Ce sera un combat sans merci. Capricieux, excentrique, parlant de lui à la troisième personne, cultivant avec malice cette ambiguïté qui irritait ses interlocuteurs, Lacan va prêter le flanc à toutes les critiques. On lui reprochera notamment ses séances de trop courte durée. En effet, selon les rumeurs, amplifiées par ses adversaires, certains de ses patients avaient à peine le temps de s'allonger sur le divan avant d'être expédiés par le maître, en moins de deux minutes. D'où la fureur de ses confrères orthodoxes qui, sous peine de sanctions, respectaient les règles édictées par l'Association psychanalytique internationale : normes draconiennes qui fixaient la durée et la fréquence des séances avec une rigueur digne des horaires de chemins de fer.

Même aigreur concernant les tarifs pratiqués par Lacan. Ils donneront lieu à des commérages encore plus inflationnistes que la politique financière de la IVe République. Mais, même en se limitant aux prix annoncés par divers témoins, il semble que les honoraires « signifiés » par Lacan au cours des années 1955-1965 s'établissaient, pour chaque séance, à l'équivalent de cinq cents à deux mille de nos francs actuels. Et cela, à la tête du client. Certains « analysants » (consultants) finissaient par s'avouer incapables de faire face à la dépense. Lacan n'en demeurait pas moins « exigeant » — comme il disait —, manifestant une certaine jouissance à imposer de telles contraintes.

On a pu dire, à sa décharge, que l'argent n'était pas pour lui une fin en soi, et qu'il en faisait un moyen supplémentaire de dominer son patient. C'est quand même avec une évidente satisfaction qu'il glissait les billets dans sa poche, à l'issue de la consultation. Prenant aussi un indubitable plaisir, en fin de journée, à compter et à agrafer les liasses qu'il déposait ostensiblement dans le tiroir de son bureau, sous le regard décontenancé du dernier « client ».

Les chers confrères en bavaient de jalousie. En fait,

sous la défense des grands principes de la pratique psychanalytique, se cachaient de sordides querelles de concurrence. En réduisant la durée des séances, Lacan analysait un plus grand nombre de patients. On l'accusait donc de travailler à l'abattage, comme dans les maisons de passe. Et, du même coup, de former beaucoup plus d'adeptes : autant de clones lacaniens qui allaient envahir l'univers — jusqu'alors très fermé — de la psychanalyse. Et y accroître l'influence de Lacan.

On complota donc de plus belle. Jusque dans les hautes sphères de la puissante Association internationale dont les dirigeants — souvenons-nous du coup de Marienbad — étaient plus que jamais décidés à torpiller ce maudit Français qui se prenait pour l'apôtre de Freud. L'état-major mondial de la psychanalyse dépêcha donc à Paris une commission d'enquête. Celle-ci avait pour mission d'interroger un par un les patients de Lacan pour tenter de savoir quelle était la durée réelle des séances auxquelles ils étaient soumis. Toujours aussi maladroit, Lacan avait aussitôt fait pression sur ses consultants pour qu'ils indiquent aux enquêteurs une durée d'analyse considérée comme normale. Manœuvre puérile qui équivalait à un aveu. Résultat, après maintes péripéties, Lacan finira par être radié de l'Association internationale. Il encaissera mal cette deuxième vexation, qu'il qualifiera lui-même d'« excommunication ».

De fait, cette exclusion pèsera lourdement sur les difficultés auxquelles se heurtera Lacan lorsqu'il tentera de se faire connaître et reconnaître hors de France. « Lacan — constate Mikkel Borch-Jacobsen — n'a jamais eu beaucoup de succès que sur les bords de la Seine et dans quelques comptoirs étrangers. » Il est vrai que ses théories ne se sont guère répandues qu'en Argentine, au Brésil et au Québec. Aux États-Unis, échec total. Quand, en 1975, Lacan voulut épater les grosses têtes chercheuses du

Massachusetts Institute of Technology, le célèbre M.I.T., il crut les impressionner en développant ses thèses sur les « nœuds borroméens » : ces cercles, entrelacés comme des anneaux olympiques, qui ornaient le blason de la célèbre famille Borromeo. Aux yeux du psychanalyste, ces figures symboliques étaient censées symboliser l'intrication du réel et de l'imaginaire. La démonstration plongea l'auditoire dans un scepticisme navré. Les distingués savants du M.I.T. crurent vraiment avoir affaire à un fou.

Il est vrai qu'à cette époque le langage de Lacan était devenu aussi alambiqué que ses fameux *Culebras* (couleuvres), ces cigares biscornus qu'il affectionnait. Cela ne facilitait guère la traduction de ses discours ni la diffusion de ses théories. Comment des étrangers auraient-ils pu adhérer à ses propos obscurs alors que les intellectuels français avaient déjà du mal à le comprendre ? Qu'on en juge par cet échantillon : « Dans cet intervalle coupant les signifiants, qui fait partie de la structure même du signifiant, est le gîte de ce que j'ai appelé, en d'autres registres de mon développement, la métonymie. » Comprenne qui pourra. « Langage ésotérique ! » s'exclamera le philosophe Michel Foucault qui ne passe pourtant pas pour un analphabète.

Et cependant, les initiés continueront de se presser, par centaines, à son fameux séminaire qui connaîtra son apothéose dans le solennel amphi de Normale sup, rue d'Ulm. Puis à la fac de droit, rue Saint-Jacques. Lacan, comme il le dit lui-même, s'y « hystérise » devant un auditoire tétanisé par l'extase. S'y presse, chaque semaine, l'intelligentsia parisienne, souvent moins soucieuse d'écouter le discours énigmatique du gourou que de se faire voir en ces lieux. Aussi le maître ne leur ménage-t-il pas ses sarcasmes :

« Si vous croyez m'avoir compris, leur dit-il, vous avez sûrement tort.

— Génial ! » s'exclament les lacanolâtres.

Comment, stimulé par cet enthousiasme inconditionnel, Lacan n'aurait-il pas été enclin au cynisme ? « Plus vous serez ignoble, mieux ça ira », conseillait-il à l'un de ses élèves.

De fait, ça ira de mieux en mieux. Le séminaire rassemblera un nombre croissant de fidèles. Au point d'apparaître comme un phénomène de société. La presse ne tardera pas à roder autour de cet excentrique qui galvanise les intellos. S'agit-il d'un authentique philosophe, ou d'une caricature de savant ? Socrate ou le Professeur Tournesol ? Le 31 mai 1957, Lacan est à la une de *L'Express.* Pour l'hebdomadaire, aucun doute, Lacan, c'est Socrate. Rares sont désormais ceux et celles qui échappent à son pouvoir de séduction. Grâce, justement, à l'obscurité de son langage. Même si ses propos sont sibyllins, il s'en dégage une pensée accessible à la sensibilité plus qu'à la raison : une musique de l'esprit. L'auditoire a l'impression d'assister, en direct, à l'élaboration de cette pensée. Et non d'écouter un cours. Lacan n'est pas un universitaire.

Il n'est pas non plus un thérapeute. D'où un malentendu fondamental avec certains de ses patients. Catherine Clément rappelle que Lacan se moquait de « la charité analytique made in U.S.A. ». En effet, contrairement aux théories américaines, la cure psychanalytique, telle que la concevait Lacan, ne visait pas la guérison du névrosé en lui permettant de s'adapter à sa vie familiale et sociale. Son but était de lui ouvrir l'accès aux abysses de son inconscient, lui faisant découvrir de la sorte les mécanismes cachés de sa propre personnalité. Autrement dit, selon la formule consacrée : « Connais-toi toi-même. » Retour à Socrate, autant qu'à Freud. Mais certainement pas à Hippocrate. En ce sens — autre aspect de son ambiguïté — le Dr Lacan faisait œuvre de philosophe, plus que de médecin.

C'est bien un philosophe qui parle lorsque Lacan dit que la mort est du domaine de la foi : « Vous avez bien raison, précise-t-il, de croire que vous allez mourir. Ça vous soutient. Si vous n'y croyiez pas, est-ce que vous pourriez supporter la vie que vous avez ? Si l'on n'était pas appuyé sur cette certitude que ça finira, est-ce que vous pourriez supporter cette histoire ? » Et cette sentence, d'une désolante beauté, n'est-ce pas encore de la philosophie : « L'amour, c'est donner ce que l'on n'a pas, à quelqu'un qui n'en veut pas » ? Musique des mots, là encore. Subtile poésie même. Mais quelle énigme dans cette double négation ! À moins qu'il ne s'agisse que de la réflexion désabusée, sarcastique, du libertin qu'a toujours été ce grand séducteur.

Lacan aime être aimé. Mais il fait tout pour qu'on le haïsse. Ce n'est pas la moindre de ses contradictions. En souffre-t-il ? À la fin de sa vie, en 1980, lorsqu'il créera l'École de la Cause freudienne, il l'appellera : « L'École de ceux qui m'aiment encore ». À croire qu'il n'en restait guère. Peu à peu, ses amis, ses disciples, ses patients s'étaient lassés de le voir s'amuser à briser, lui-même, l'admiration qu'il leur inspirait. Par coquetterie, cet octogénaire aux cheveux blanchis par l'avalanche des idées jouait encore le personnage du rebelle, provocateur et insolent. Trahissant ainsi ses propres ambitions.

Quel contraste avec Freud ! Le Maître de Vienne, lui, s'est attaché, durant toute sa vie, à imposer sa respectabilité, sa réputation de savant, allant jusqu'à se parer d'un titre discutable de « professeur », pour faire oublier qu'il n'avait jamais reçu la bénédiction de l'Université. Afin d'assurer le triomphe de ses théories, il avait publié une multitude de livres diffusés à travers le monde.

Lacan, lui non plus, n'était pas un vrai « professeur ». Il n'était titulaire d'aucune chaire. L'âge et la gloire ne lui ont valu aucun titre au Collège de France, aucun fauteuil à l'Académie. Pas même une médaille sur ses drôles de costumes. Son enseignement ne reposait que sur les analyses qu'il effectuait dans un cadre strictement privé, et dans son séminaire dépourvu de tout caractère officiel, ouvert au tout-venant, hébergé selon le bon vouloir des patrons de Sainte-Anne, de Normale sup, de la faculté de Vincennes. Hospitalité précaire. Lacan fut interdit de cours à Sainte-Anne, puis expulsé du sanctuaire de la rue d'Ulm après la secousse de mai 1968. Or sa notoriété était essentiellement fondée sur ces grand-messes du lacanisme. À part sa thèse, il n'a publié aucun livre et seulement quelques articles. Affichant un étrange dédain pour l'écriture. « Publication », en lacanien, se dit « poubellication » : l'écrit aux ordures ! Lacan — on l'a compris — est un homme du langage.

Il parle. Trop, parfois. En décembre 1969, à Vincennes, il s'était fait sévèrement chahuter par les étudiants :

« J'aimerais que tu te taises, Lacan ! » avait hurlé l'un d'eux.

— Mais qu'est-ce qu'ils sont bien ! Ben, continuez, merde ! » répondit Lacan.

Allez donc parler de respectabilité à un tel homme ! Le mot l'aurait fait éclater de rire. Il se qualifiait lui-même de « clown », affectant des allures de snob, toujours à l'affût des potins du Paris mondain.

Mais aussi, quel voltigeur de l'humour ! « L'erreur de bonne foi est, de toutes, la plus impardonnable », proclamait-il. Autrement dit, on a le droit de se tromper, mais seulement si on le fait exprès. Ce principe, arrogant, il se l'est appliqué à lui-même. C'est volontairement que Lacan s'est trompé — par ferveur narcissique — en se souciant par-dessus tout de son image. S'incarnant lui-même dans la caricature du personnage qui jouait son propre rôle, il a escamoté l'autre Lacan — celui des profondeurs — qui offrait à chacun sa chance d'accéder, par la magie du langage, aux mystères infinis de l'inconscient.

Sa faute fut manifestement de croire qu'il pouvait se risquer dans cette aventure sans trop se prendre au sérieux. Sans adopter l'attitude pontifiante qui sied aux grands clercs. Erreur fatale, dont il finit lui-même par avoir, tardivement, conscience. Parlant de ses élèves, psychanalystes en formation, il confia à l'un de ses amis : « Ce sont des cons, il faut les traiter durement. » Sa postérité a mal digéré ce mépris. Aujourd'hui, en France, le mouvement lacanien est déchiré en une trentaine de clans. La pensée du maître s'effrite, cristallisant sur son nom une large part des résistances qui affectent la psychanalyse dans l'esprit du public. En 1973, au cours d'un entretien télévisé, il avait affirmé : « Il suffit de dix ans pour que je devienne clair pour tous. » Près de vingt-cinq ans ont passé, et Lacan n'en demeure pas moins obscur.

# XI

## *Ciné-psy : les coulisses de l'écran*

À Paris, au n° 44 de la rue de Rennes, le 22 mars 1895, Auguste et Louis Lumière procédaient à la première projection privée de leur film sur la sortie de leurs usines de Lyon. Cet événement, alors peu remarqué, annonçait la naissance du cinématographe : « Ce nouveau petit salarié de nos rêves », comme l'appellera plus tard Louis-Ferdinand Céline.

À cette même date, à Vienne, Sigmund Freud et Joseph Breuer mettaient la dernière main à la rédaction de leurs *Études sur l'hystérie* qui paraissent à la mi-mai : acte fondateur de la psychanalyse — cet autre *Voyage au bout de la nuit* — effectué dans les profondeurs de l'inconscient.

Nées sous la même étoile, dans la même configuration historique, les deux découvertes allaient bientôt voir se croiser leurs destinées. Étrange rencontre que celle du cinéma et de la psychanalyse. On ne peut pas dire qu'elle ait eu lieu sous les meilleurs auspices.

Comme aurait pu le prévoir un scénario hollywoodien, c'est en Amérique, à New York, qu'eut lieu ce premier contact, tout à fait fortuit, entre Freud et ce qui allait devenir le septième art. Cela se passait, le 5 septembre 1909, lors du voyage que Sigmund — accompagné de Carl Gustav Jung et de Sandor Ferenczi —

effectuait aux États-Unis pour une série de conférences à l'université Clark de Worcester (voir page 50). Guidés par leur confrère Abraham Brill, le premier psychanalyste américain, les trois hommes visitent Manhattan : le Metropolitan Museum, Central Park, Chinatown... Puis, après le dîner, Brill les entraîne, accompagnés d'Ernest Jones qui vient de les rejoindre, dans une salle de la Troisième Avenue, pour y voir le premier film de leur vie. Pour autant que l'on puisse le savoir, il s'agissait d'un western qui abondait en « folles poursuites ». Seul Ferenczi, « très jeune de caractère », rapporte Jones, se montra très emballé. Freud, lui, « ne goûta qu'un plaisir modéré ». Cette cavalcade d'images en mouvement n'avait rien d'enthousiasmant à ses yeux.

Il faut dire que Sigmund n'est pas un esthète d'avant-garde. Sa passion artistique, il la réserve à l'archéologie grecque et romaine, collectionnant dans son bureau une multitude de statuettes et de figurines antiques. En revanche, il ignore tout de la peinture impressionniste qui, depuis déjà trente-cinq ans, agite alors les conversations dans les salons européens. À Vienne même, les noms de Klimt et de Kokoschka qui, en cette fin de siècle, propagent l'Art nouveau dans la capitale autrichienne, lui sont totalement inconnus. Plus tard, il ira jusqu'à reprocher à son ami Karl Abraham son goût pour l'art moderne qui, dit-il, non sans ironie, « devrait être châtié ». Il a heureusement assez d'humour pour se traiter lui-même de « philistin ». C'est ainsi qu'on appelait, à Vienne, les gens incultes, ceux-là mêmes que l'on méprisait à Paris sous le nom de « béotiens ». Sigmund ne se prétendait pas non plus musicien. D'autant qu'il chantait faux. Fait rare pour un Viennois, il n'allait jamais au concert ! Seul l'opéra pouvait avoir ses faveurs. Mais rien ne lui chatouillait plus plaisamment l'oreille que les chansons gouailleuses de son amie Yvette Guilbert — la reine rousse du « caf'conc' » —, immortalisée par Toulouse-Lautrec et par ses interprétations de *Madame Arthur* et du *Fiacre allant trottinant.* C'est lors d'un court séjour qu'il avait effectué à Paris, en 1889, que Freud avait rencontré la chanteuse, à l'issue d'un concert auquel il avait assisé sur l'insistance de Mme Charcot. Subjugué, il avait ensuite entretenu avec Yvette une correspondance assidue. Et il ne manqua aucun des tours de chant qu'elle donna à Vienne à partir de 1927.

Bien qu'aussi populaire que la chansonnette, le cinéma n'exerça pas autant d'attrait sur Freud. Ce bourgeois n'était pas homme à goûter les grands spectacles de masse. Il avait horreur de la foule. Dans son essai *Psychologie collective et analyse du moi,* il ne cache pas son aversion pour les attroupements avides d'émotions fortes : « Ce que la foule exige de ses héros, c'est la force, voire la violence. » Bref, après sa première vision des chevauchées de cow-boys sur un écran new-yorkais, Freud n'ira plus jamais au cinéma. C'est le cinéma qui viendra à lui. En grande pompe.

En décembre 1924, Samuel Goldwyn, le magnat hollywoodien de la Metro, annonce au *New York Times* qu'il va se rendre spécialement en Europe pour rencontrer Freud qu'il considère, dit-il, comme « le plus grand spécialiste mondial de l'amour ». Son projet : demander au fondateur de la psychanalyse d'écrire un scénario propre à « émouvoir les cœurs de la nation ». Il ne s'agit pas de patriotisme, mais des ardentes passions des amants célèbres, en commençant par Antoine et Cléopâtre. Pour prix de cette glorieuse collaboration, Goldwin propose à Freud un chèque de cent mille dollars ! Une somme assez fabuleuse pour l'époque.

Bernique ! Le Viennois repousse la proposition. Il refuse même de rencontrer Goldwin. Du coup, la nouvelle fait la une du *New York Times* du 24 janvier 1925 : « Goldwin essuie un refus de Freud ! » Aux regards des

Américains, son audace paraît aussi outrageante que s'il avait injurié le président des États-Unis. Sans parler de l'ahurissant mépris pour les cent mille dollars.

Pourtant, la même année, un autre géant hollywoodien — la U.F.A. Film Company — reviendra à la charge à propos d'un scénario mettant directement en scène la psychanalyse. Mais cette fois, les producteurs prendront soin de s'adresser à un proche de Freud, l'Allemand Karl Abraham, alors président de l'Association psychanalytique internationale. Ce dernier consulte Sigmund : « Je n'ai pas besoin de vous dire — écrit-il — que ce projet est conforme à l'esprit de notre époque et qu'il sera certainement exécuté. Si ce n'est pas avec nous, ce sera avec des gens incompétents. »

Inflexible, Freud refuse de s'engager personnellement dans cette aventure. Pour lui, la psychanalyse ne peut être que trahie par le cinéma : « Il ne me paraît pas possible de faire de nos abstractions une présentation esthétique qui se respecte quelque peu, écrit-il à Abraham. Nous n'allons quand même pas donner notre accord à quelque chose d'insipide. » Il laisse néanmoins son fidèle disciple libre de sa propre décision. Abraham signera le contrat avec la U.F.A. Company. Mais, tombant brusquement malade, il passera la main à Hanns Sachs. Le film se fera. C'est à un Viennois, Georg Wilhelm Pabst, que sera confiée sa réalisation. Son titre : *Les Mystères d'une âme.* Pabst vient de tourner *La Rue sans joie,* un chef-d'œuvre qui a révélé son talent et celui de sa jeune interprète, une certaine Greta Garbo, jusqu'alors inconnue.

*Les Mystères d'une âme* connaîtront moins de succès. Ils mettent en scène une cure analytique au cours de laquelle le Pr Mathias (le comédien Werner Krauss) guérira de sa névrose un garçon qui a fâcheusement tendance à confondre érotisme et assassinat. En langage freudien : Éros et Thanatos. Un thème inépuisable qui fera vendre des milliers de kilomètres de pellicule. Quant au médecin, il servira de modèle à toute une série de clones s'exprimant souvent avec un fort accent germanique, et mêlant indistinctement les métiers de psychiatre et de psychanalyste. L'une des figures les plus troublantes étant celle du « psy fou », devenu une sorte d'archétype. Dès l'invention du cinéma, le génial Georges Méliès avait déjà exploité ce filon dans ses courts métrages sur *Les Aventures du Docteur Maboulof*, au nom éloquent. En 1919, c'est encore Werner Krauss qui incarnera, plus sérieusement, le rôle du praticien dément dans *Le Cabinet du Dr Caligari*, du réalisateur Robert Wiene. Le scénario, imaginé par Fritz Lang, joue sur l'inversion des rôles. C'est Caligari, le médecin, qui est fou. Le somnambule qu'il manipule, lui, est parfaitement sain d'esprit. Grâce à cet effet de culbute, le public est incité à se libérer de sa peur de la folie. D'autant que la métaphore sur laquelle repose le film est une mise en garde contre tous les pouvoirs. À commencer par ceux des politiques qui ont précipité les peuples dans la guerre mondiale. C'est aussi dans la tête des chefs d'État que siégeait la folie.

*Caligari*, film fondateur de l'expressionnisme allemand, inspirera à Fritz Lang la mise en scène d'un autre médecin fou : *Le Docteur Mabuse*, qui exploite ses talents d'hypnotiseur comme instrument de sa puissance destructrice. C'est un énorme succès. Le public en redemande. Les producteurs aussi. Fritz Lang récidive donc, en 1932, avec *Le Testament du Dr Mabuse*. Pour mieux se mettre dans la peau du personnage, il est allé passer une semaine dans un hôpital psychiatrique. Son héros, le « psy » devenu complètement fou, est lui-même interné dans un asile. Mais, privé de sa liberté, il continue néanmoins d'exercer son diabolique pouvoir hypnotique. Cette fois, l'allégorie est un peu trop limpide. Goebbels y voit une allusion à Hitler. Il interdit le film. Fritz Lang quittera l'Allemagne et s'exilera aux États-Unis.

Entre-temps, la psychanalyse — vedette de la libération des mœurs qui a marqué les « Années folles » — s'est infiltrée à Hollywood. Elle inspire alors aux scénaristes d'innombrables films de série B dont l'intrigue se nourrit abusivement de situations considérées comme « freudiennes » : de l'adultère au viol, en passant par le complexe d'Œdipe et le meurtre du père. L'argument « psychanalytique » servira même d'alibi pour contourner les tabous du puritanisme américain. Sous prétexte de projeter sur l'écran des rêves et des fantasmes, on prendra quelque liberté avec la commission de censure.

La psychanalyse peut aussi donner lieu à des versions délibérément fantaisistes, comme celle du « psy dansant ». C'est le cas dans *Amanda (Carefree)*, en 1938. Une comédie musicale dans laquelle Fred Astaire traite Ginger Rogers par une méthode, très « swing », d'hypnose chorégraphique. C'est seulement en 1939 que le personnage du psychanalyste accède au rang de « star », flanqué d'un accessoire devenu aussi primordial que le cheval dans le western : le divan.

Premier film du genre : *L'Étrange Rêve (Blind Alley)*, réalisé par Charles Vidor. Le Dr Shelly — un psy — est pris en otage dans son cabinet par Wilson, évadé de prison. Peu à peu, le médecin découvre que le tueur est hanté par un rêve angoissant. L'aidant à en comprendre l'origine, il le libère de son obsession. Du coup, Wilson sera incapable de résister à l'arrivée des flics. Étrange conception du serment d'Hippocrate qui transforme l'analyste en auxiliaire de police ! Il s'agira heureusement d'un cas isolé. Néanmoins, le rapprochement entre psychanalyste et policier réapparaîtra dans de nombreux films. Non par malveillance, mais par analogie des méthodes. L'exploration de l'inconscient du patient étant, un peu hâtivement, assimilée à une enquête policière.

Ainsi, dans *Le Mur des ténèbres (The High Wall),* de Curtiss Bernhardt. Un ancien pilote est retrouvé inconscient dans sa voiture, aux côtés de sa femme étranglée. Soupçonné du meurtre, et amnésique, il ne peut se défendre. C'est grâce à un psy, le Dr Lorrison, et à la savante investigation entreprise par ce médecin, que la vérité sera découverte et le pilote innocenté. Les scénaristes n'accorderont pas toujours le beau rôle à l'analyste. C'est ainsi que, dans le registre particulièrement odieux du « psy ripou », le Dr Charles Vernay, l'un des protagonistes du film de Douglas Sirk : *L'Homme aux lunettes d'écaille (Sleep, my Love),* se laisse soudoyer pour hypnotiser l'héroïne (incarnée par Claudette Colbert), afin de l'acculer au suicide.

Force est de reconnaître, au vu de ces quelques exemples, que Freud n'avait pas tort de redouter l'utilisation que le cinéma ferait de la psychanalyse. Encore sa mort, en 1939, lui a-t-elle épargné les interprétations délirantes auxquelles ont donné lieu les films burlesques inspirés par des gags dépourvus de tout complexe. On imagine mal comment Sigmund, pourtant apprécié pour son humour, aurait réagi à l'incursion de Jerry Lewis dans l'univers psychanalytique caricaturé par *Trois sur un divan (Three on a Couch),* dont le titre suffit à évoquer l'effet cathartique. Peut-être aurait-il quand même souri à la projection du *Vampire de ces dames (Love at First Bite),* de Stan Dragoti, dans lequel un certain Dr Rosenberg, psychanalyste et séducteur impénitent, triomphe de Dracula chassé de Roumanie par le communisme. Cette parodie de la psychanalyse sera poussée jusqu'au paroxysme dans *Sherlock Holmes attaque l'Orient-Express (The Seven per Cent Solution),* réalisé par Herbert Ross : Freud, alerté par son confrère, le Dr Watson, analyse

Sherlock Holmes pour le guérir de sa cocaïnomanie. Désopilant !

La version hollywoodienne de la psychanalyse ne s'est heureusement pas limitée à des films médiocres. Elle a aussi inspiré de grands metteurs en scène : Alfred Hitchcock, John Huston, Woody Allen. Tous ont une particularité commune, celle de s'être personnellement impliqués dans la réalisation de leurs films touchant à l'analyse, comme s'ils tentaient — par l'intermédiaire de la caméra — de se substituer à Freud, ou plutôt de l'introduire, par procuration, dans cette rencontre psychanalyse-cinéma que le Maître avait refusée. Seul Woody Allen accomplit cette identification par le biais de l'humour. Sans doute, comme il le fait dire à l'un de ses personnages — Metterling, patient présumé du grand Sigmund —, « parce que Freud et lui sont devenus très amis, en dehors des heures d'analyse ».

Elia Kazan pourrait figurer dans la liste ci-dessus. Son film *La Fièvre dans le sang (Splendor in the Grass)*, dont l'action se déroule en 1929, pendant la Grande Crise provoquée par le krach de Wall Street, fait intervenir une figure qui n'était pas encore apparue dans notre galerie de portraits, celle du « psy moralisateur ». Celui-ci ressemble à la statue du Commandeur, version blouse blanche immaculée. Il est censé aider l'héroïne — la jeune Deanie — à sortir de sa névrose. En fait, s'appliquant à incarner l'autorité paternelle et les valeurs familiales, il contraindra Deanie à renoncer à ses plus belles aspirations de jeunesse et à rentrer dans le droit chemin. Film désespérant qui fait de l'analyste le garant du puritanisme américain : une image que l'on espère pouvoir classer dans le chapitre des trahisons du freudisme. Chaque individu hébergeant son propre « surmoi » n'éprouve pas le besoin de le requérir chez un analyste supposé neutre.

« Si l'on ne s'intéresse pas à Lacan, on se mettra bientôt à penser du mal de Freud. Dès lors, il n'y aura plus qu'un pas à faire pour dédaigner Hitchcock. » C'est lui-même, Alfred Hitchcock, qui a prononcé ces paroles, exprimant ainsi — non sans forfanterie — les liens étroits qui l'unissent à la psychanalyse et à ses prophètes.

De fait, l'analyse colle à un grand nombre de ses films. En 1943, son producteur, Selznik, est en cure psychanalytique. Il demande à Hitchcock de trouver un scénario sur ce thème. Alfred, lui, n'a pas de psy. Il se débat tout seul avec ses problèmes. Sa mère est morte depuis peu, loin de lui, en Angleterre alors encore en guerre. Son frère, William, vient, lui aussi, de disparaître à la suite d'un accident médicamenteux qui ressemble fort à un suicide. Sonné, Hitchcock a peur de sa propre mort. À quarante-deux ans, il pèse cent trente kilos. Il s'est imposé un régime draconien qui lui a fait perdre trente kilos. Il est exténué. Ses relations avec sa femme, Emma, sont loin d'être idylliques. D'autant qu'il est secrètement amoureux d'une de ses jeunes comédiennes, Joan Harrison.

Or, Alfred est catholique, ancien élève des jésuites qui lui ont inculqué le sentiment de l'omniprésence du mal. C'est l'une des clés du cinéma hitchcockien. Et d'abord celle de son film *La Maison du Dr Edwards (Spellbound)*, inspiré d'un roman de Francis Bleeding. Mais c'est « Hitch » — comme le surnomment ses amis — qui en rédige personnellement le scénario. Il met en scène une jeune psychanalyste — le Dr Constance Petersen (incarnée par Ingrid Bergman) — qui tombe amoureuse d'un séduisant imposteur, paranoïaque (Gregory Peck), lequel se fait passer pour le Dr Edwards. L'intrigue psychanalytico-policière ne doit pas masquer le véritable message du film : ceux qui s'aiment ne peuvent se libérer du poids de leur passé. Mais l'amour finit par triompher. C'est lui — l'amour médecin, celui de la belle psy — qui libérera le névrosé des obsessions qui le culpabilisent.

Ah ! l'admirable catharsis cinématographique, projetée sur l'écran sous la forme des dessins spécialement réalisés par Salvador Dali. Ils figurent des traits noirs, gravés par les skis dans la neige. Le héros y verra, jaillies de sa mémoire endolorie, le rappel des grilles de fer sur lesquelles s'est jadis empalé son petit frère. C'était un accident ! Edwards, alias John Ballantine, n'en était que le témoin innocent. Conquis par cette époustouflante illustration de l'« abréaction » — cette salvatrice résurgence des traumatismes refoulés dans l'inconscient — le public se rua vers les divans. Aussi *La Maison du Dr Ewards* fera-t-elle date dans l'histoire de la psychanalyse, autant que dans celle du cinéma.

Ce film clé inaugure aussi la cure psycho-cinématographique qu'Hitchcock entreprend sur lui-même. À cette époque, sa rencontre avec Ingrid Bergman et la fascination qu'elle lui inspirera ne feront qu'alourdir le poids de ses fantasmes et la tension de ses rapports conjugaux. Les tournages ultérieurs — de plus en plus autobiographiques — seront autant de tentatives visant à exorciser ses démons intérieurs. Tout spécialement le souvenir angoissant de sa mère, cette femme autoritaire, possessive et castratrice, qui cristallise toutes les inhibitions d'Alfred. Surtout son impuissance. Par caméra interposée, Hitchcock libérera ses pulsions en même temps que sa culpabilité. C'est le cas dans *Les Enchaînés (Notorious),* où le mari (Claude Rains) élimine sa femme (Ingrid Bergman) en l'empoisonnant lentement, avec l'aide de sa mère. Plus tard, dans *Pas de printemps pour Marnie (Marnie),* « Hitch » aura explicitement recours à la psychanalyse pour expliquer la névrose de son héroïne, frigide — donc inaccessible —, violée par son mari. En fait, elle-même, lorsqu'elle était enfant, a tué un marin qui tentait de violer sa mère, une prostituée.

Le meurtre, chez Hitchcock, apparaît comme l'ultime recours utilisé par ses personnages pour se décharger de leurs obsessions. Ce qui, du même coup, permet au réalisateur d'évacuer ses propres fantasmes par l'intermédiaire des crimes innombrables accomplis sur l'écran. À sa manière, Hitchcock est un *serial killer.* La méthode atteignant son efficacité maximale avec *Psychose (Psycho)*, où le fils, interprété par Anthony Perkins, s'incarne dans le personnage de sa mère qu'il a lui-même empoisonnée naguère. Sans oublier cette réplique qu'Hitchcock-Œdipe prête à Marion, la jeune femme que le psychotique va assassiner sous sa douche : « Un fils est un pauvre substitut d'amant » : insupportable phrase qui, dans la logique hitchcokienne, méritait bien quelques méchants coups de couteau. Ainsi, par le biais de ses films, le réalisateur est parvenu à assumer le double rôle de l'analyste et de l'analysé. D'où une sensible propension à se prendre pour Freud, lui-même adepte de l'auto-analyse. On comprend mieux, maintenant, la boutade du génial metteur en scène de *La Maison du Dr Edwards* : « Penser du mal de Freud, c'est dédaigner Hitchcock. » Et réciproquement : « Dédaigner Hichcock, c'est dédaigner Freud. »

En août 1956, trente-sept ans après la première rencontre de Freud avec le cinéma, c'est sa fille Anna qui sera confrontée à un symbole vivant de l'univers hollywoodien, et non des moindres. Il s'agit de Marilyn Monroe. La star est venue en Angleterre pour le tournage du film *Le Prince et la Danseuse (The Prince and the Showgirl).* Le réalisateur, également producteur, n'est autre que Laurence Olivier, qui assume aussi le premier rôle masculin : celui d'un aristocrate du début du siècle.

Les choses ne se passent pas très bien. Marilyn est en pleine déprime, déstabilisée par l'angoisse de ne pouvoir faire face à son mariage avec Arthur Miller. Elle s'accroche désespérément aux interminables consultations téléphoniques que lui accorde chaque soir sa psychanalyste, Margaret Hohenberg, qui lui conseille vivement de téléphoner à Anna Freud. Cette dernière, d'abord réticente, finira par accepter de la recevoir. Pendant une semaine, la vedette, qui a abandonné le tournage du film, se rendra, chaque après-midi, à la résidence londonienne des Freud, à Maresfield Gardens, dans le plus total incognito.

Anna, atterrée par l'état de délabrement psychologique de sa patiente, l'incite à poursuivre sa cure avec Mariane Kris, une amie d'enfance, que Freud lui-même appelait sa fille adoptive, et qui est installée à New York. C'est elle qui prendra en charge Marilyn. En attendant, le traitement entrepris par Anna aura rasséréné l'actrice pour quelque temps. Lui permettant, au moins, de reprendre son rôle sur le plateau du *Prince et la Danseuse.* Mais le film fera un lamentable flop ! De retour aux États-Unis, Marilyn constate qu'il lui faut désormais deux analystes : l'une à New York — Mariane Kris —, l'autre à Los Angeles — le Dr Ralph Greenson, lui aussi en relation avec Kris et avec Anna Freud : un véritable « pool » thérapeutique !

En 1960, un géant du grand écran, John Huston, prend contact avec Marilyn Monroe. Il envisage de lui confier un rôle dans un film qui provoquera le grand choc posthume entre Freud et le cinéma. Un projet qui, à l'évidence, fera jaillir le vieux Sigmund d'entre les morts. Son titre, *Freud, Passions secrètes (Freud, the Secret Passion)* : une biographie du Maître, s'appuyant sur le cas d'une jeune patiente, Cecily. C'est à Marilyn que devait être confié cette interprétation d'une parfaite névrosée. Mais, justement, elle collait trop bien au personnage. Sur les conseils conjugués de Ralph Greenson et de Mariane Kris, Marilyn renoncera à ce rôle : « Je ne peux pas le jouer parce que Anna Freud refuse que l'on tourne un film sur son père. C'est mon analyste qui me l'a dit », confie-t-elle à Huston.

C'est finalement Susannah York qui s'allongera sur le divan de Freud, réincarné par Montgomery Clift. Encore une personnalité tourmentée, au regard enflammé (ce malheureux souffrait, à l'époque, d'une double cataracte). Bref, le tournage s'annonçait d'autant plus problématique que le scénario avait lui-même donné lieu à quelques empoignades dignes des protagonistes et du sujet qui les inspirait.

En effet, c'est à Jean-Paul Sartre que John Huston avait demandé de composer ce texte. Courageuse initiative. D'emblée condamnée à l'échec. Pourtant, Sartre — stimulé par un chèque hollywoodien — s'était rapidement mis au travail. Avec une telle ardeur qu'il accoucha d'un projet exigeant sept heures de projection ! Invité à passer quelques semaines de cogitations communes dans la résidence irlandaise de Huston, à Ste Clarence, l'auteur, bien inspiré, de *Huis clos*, s'y retrouve en compagnie du grand John, de Montgomery Clift flanqué de son petit ami, et d'une bonne dizaine de « conseillers » divers. Ambiance mortelle. Sartre la compare à un grand cimetière : « Tout le monde est mort, avec des complexes congelés, écrit-il à Simone de Beauvoir, ça vit peu, peu, peu. »

Inutile de faire tourner les tables. Le spectre de Freud plane sur ce petit monde, maudissant la funeste entreprise. On le comprend, car le scénario ne respecte pas très scrupuleusement la vérité biographique, encore moins le dogme psychanalytique. Il faut couper dans le texte. Couper, encore couper. Sartre se rebiffe. Huston s'énerve. Et pour détendre l'atmosphère, ou pour manipuler Sartre, tente de l'hypnotiser. En vain, bien sûr ! Finalement Jean-Paul se fâche et demande que son nom soit retiré du générique. (On ignore s'il a aussi renoncé au chèque.) Deux obscurs tâcherons, William Reinhardt et Charles Kautman, réécriront intégralement le maudit scénario, conformément aux volontés du réalisateur. Il en résultera une sorte de « polar » dont Freud serait le détective. Le film sort en 1961. Le public le boude. Et, de Vienne à San Francisco, à Paris, à Londres, à Rome... les « psys » prennent le deuil pour cette seconde mort de Sigmund.

Trahie par le cinéma à travers l'évocation caricaturale de son fondateur, la psychanalyse n'eut pas vraiment à souffrir de cette mésaventure. En effet, elle bénéficia même, à partir des années 60, d'un nouvel élan de curiosité. Finalement, les deux découvertes jumelles se sont mutuellement enrichies : le cinéma y a gagné en perspicacité, et la psychanalyse en notoriété. Surtout après l'arrivée sur les écrans d'une nouvelle vague cinématographique, celle des films de Woody Allen. Rude épreuve. Car le malin génie de Manhattan va se comporter comme une sorte d'ennemi de l'intérieur. Étant lui-même en analyse permanente depuis des décennies, il agissait, de ce fait, comme un intime de ses nombreux psys successifs. Se croyant tout permis, jusqu'à ironiser sur la psychanalyse : un comble ! Dans l'une de ses premières œuvres, *Tout ce que vous avez toujours voulu savoir sur le sexe sans jamais oser le demander* (1972), l'un des sketchs s'intitule : « La sodomie, qu'est-ce que c'est ? » Il y met en scène un psychanalyste dont le patient est un jeune berger amoureux de sa brebis. Or — fatale dérive du contre-transfert — voilà que l'analyste s'éprend de passion pour l'animal.

Le ton était donné. Alors que, comme on l'a vu, Hitchcock faisait sa propre analyse par caméra interposée, Woody Allen, lui, va tenter de se libérer de l'emprise de la psychanalyse en la brocardant dans ses films. Il a en effet le sentiment de lui être totalement aliéné. Elle est pour lui un besoin vital, comme le sexe ou la nourriture. Aussi n'en voit-il jamais la fin. Il a lui-même exprimé cette impression en comparant sa relation à la psychanalyse avec l'histoire de la jambe du compositeur américain Cole Porter, blessé à la suite d'un accident de cheval : « Il a passé vingt-cinq ans à consulter des médecins qui n'ont pas cessé de l'opérer, raconte Woody. Et finalement, il a fallu l'amputer. Avec la psychanalyse, c'est ce que je ressens », conclut-il.

Humour noir ? Comment savoir ? Woody Allen plaisante sans sourire, de même quand il se classe personnellement dans la catégorie des « paranoïaques latents ». Ce dont on ne peut douter, c'est de sa subtile sensibilité lorsque, à l'instar d'Ingmar Bergman, il analyse, dans des films comme *Annie Hall* ou *Intérieurs*, les tourments de ses personnages, exprimant à travers eux une vision pessimiste de la société et de la famille qui rompt avec sa réputation d'amuseur.

Avec *Zelig*, il met en scène un homme-caméléon qui calque successivement sa personnalité sur celle de chaque interlocuteur. Ainsi se métamorphose-t-il en psychanalyste, prétendant avoir travaillé avec Freud, jadis, à Vienne. Afin d'en convaincre son auditoire, il raconte qu'il s'est même opposé au Maître à propos du désir de pénis : « Freud, explique-t-il, pensait qu'il fallait le limiter aux femmes. »

Voilà qui est révélateur. Grâce à ses succès, mais aussi grâce à sa médiatisation par le cinéma, la télévision, la presse, l'édition, la psychanalyse est désormais banalisée, bien ancrée dans les mœurs des sociétés occidentales. C'est là son triomphe. Au point que le public des salles obscures rit désormais aux astuces de Woody Allen sur les concepts freudiens, comme s'il s'agissait d'histoires drôles pour noces et banquets. Il est vrai que, du même coup, la psychanalyse — ainsi démocratisée — perd de son mystère et de son aura élitiste. Parfois au grand dam de ses adeptes. Il faut admettre qu'ils doivent faire preuve d'une bonne dose d'humour pour apprécier certains propos de Woody Allen. Surtout quand il affirme que la psychanalyse contemporaine n'est plus qu'un « mythe entretenu par les fabricants de divans ».

ÉPILOGUE

# *Demain, la psychanalyse*

« L'histoire des hommes n'est souvent que le récit de leurs fautes », fait dire Voltaire à son *Ingénu.* Tant il est vrai qu'en gratouillant l'envers des personnages et des événements, le chroniqueur verse moins facilement dans l'apologie.

La psychanalyse n'a pas échappé à ce type d'investigation qui, surtout aux États-Unis, a bousculé l'ordre freudien. Le frisson d'indignation qui, alors, a parcouru l'univers des psychanalystes s'est plutôt révélé bénéfique. Relayées par les médias, les polémiques ont montré à l'opinion publique que la psychanalyse est encore bien vivante, ce dont on aurait pu douter à la lecture de certains titres vouant Freud aux gémonies et Lacan au bûcher.

Les périls qui pèsent sur la psychanalyse n'en sont pas moins réels. Et bien plus redoutables que les taquineries subies par les fantômes qui peuplent son passé. C'est de l'avenir que surgit la menace. Freud craignait que la psychanalyse ne devienne « la bonne à tout faire de la psychiatrie ». Aujourd'hui, il redouterait de la voir définitivement reléguée au placard.

Ses vrais ennemis hantent les laboratoires de chimie, de biologie et d'électronique. La plus sévère déprime se dissout dans le Prozac, les anxieux gavés de benzodiazépines désertent les divans et les faisceaux de la résonance magnétique nucléaire parcourent les circuits du cerveau comme s'il s'agissait d'un banal ordinateur.

Cernée par les neurosciences, la psychanalyse forme le carré pour faire face à l'assaut. Abritée derrière la géniale découverte de Freud : l'inconscient, ce refuge de nos refoulements. Et dont Henri Michaux nous livre une vision étonnamment prémonitoire : « Toute science crée une nouvelle ignorance. Tout conscient, un nouvel inconscient. »

Ultime bastion de la psychanalyse, l'inconscient n'apparaît pas encore sur l'écran des scanners et des I.R.M. Il recèle les mystères abyssaux du psychisme : tout ce qui nous émeut ou nous écœure au vu des manifestations les plus déconcertantes de la beauté, de l'amour, du crime, de l'horreur. En lui se forment nos pulsions extrêmes : celles de l'héroïsme, du martyre... Et, peut-être, l'idée même de Dieu. Mais aussi cette part du diable qui jaillit, terrifiante, dans l'actualité de nos sociétés : massacres, attentats, suicides collectifs des sectes, crimes sadiques, meurtres d'enfants, viols de femmes et de tombes...

À ce degré de déraison, le scientiste capitule. Le gène de la violence s'est révélé être un mythe. Et la castration chimique se heurte encore à quelques principes moraux. Alors, on se tourne vers le psy !

Stylos, micros, caméras... À chaque drame hors du commun, à chaque réaction d'écœurement collectif, le psy connaît son heure — non pas de gloire mais de sollicitude. Il est l'expert de l'inexplicable. Expérience risquée. Le psychanalyste n'en sort pas indemne. Car, proposant un diagnostic sans remède, il s'expose à l'incrédulité, cette malédiction qui pèse sur la psychanalyse depuis ses origines. C'est cela, finalement, que nous apprend son histoire. Depuis le cas d'Anna O., elle traîne ce regrettable contresens concernant sa vocation :

la psychanalyse ne guérit pas. Elle aide son patient à s'accepter tel qu'il est. C'est en cela qu'elle est une thérapie.

Que lui demander de plus ? De s'accepter elle-même telle qu'elle est.

## SOURCES BIBLIOGRAPHIQUES

### *Ouvrages généraux*


Ernest JONES, *La Vie et l'Œuvre de Sigmund Freud (I, II, III)*, PUF, 1958.
Peter GAY, *Freud 1 et 2*, Hachette, 1991.
Élisabeth ROUDINESCO, *Histoire de la psychanalyse en France 1*, Seuil, 1986. *Histoire de la psychanalyse en France 2*, Fayard, 1994.
Élisabeth ROUDINESCO et Michel PLON, *Dictionnaire de la psychanalyse*, Fayard, 1997.
Roland JACCARD et coll., *Histoire de la psychanalyse 1 et 2*, Hachette, 1982.
Ernst et Lucie FREUD, K. EISSLER, *Sigmund Freud*, Complexe/Gallimard, 1979.
Léon CHERTOK et Raymond DE SAUSSURE, *Naissance du psychanalyste*, Les Empêcheurs de penser en rond, 1996.
Serge LECLAIRE et A.P.U.I., *États des lieux de la psychanalyse*, Albin Michel, 1991.


### *Prologue : Cachotteries d'archives*


Janet MALCOLM, *Tempête aux archives Freud*, PUF, 1986.
Paul ROAZEN, *Animal mon frère toi*, Payot, 1971.
Jacques DERRIDA, *Mal d'archives*, Galilée, 1995.
Yosef Hayim YERUSHALMI, « Série Z », *Le Débat*, n° 92, 1996.
Adolf GRÜNBAUM, *La Psychanalyse à l'épreuve*, Combas-Éd. de l'Éclat, 1984.
Jeffrey Moussaieff MASSON, *Le Réel escamoté*, Aubier-Montaigne, 1984.

Sophie FREUD, *My Three Mothers and Other Passions*, New York University Press, 1988.

## *I. Anna O. : le mensonge des origines*

Sigmund FREUD et Joseph BREUER, *Études sur l'hystérie*, PUF, 1956.
Yolande TISSERON, *Du deuil à la réparation*, Éd. des femmes, 1986.
Bertha PAPPENHEIM, *Le Travail de Sisyphe*, Éd. des femmes, 1986.
H.F. ELLENBERGER, *À la découverte de l'inconscient*, Simep, 1974.
Lucy FREEMAN, *L'Histoire d'Anna O.*, PUF, 1977.
Mikkel BORCH-JACOBSEN, *Souvenirs d'Anna O.*, Aubier, 1995.
F.J. SULLOWAY, *Freud biologiste de l'esprit*, Fayard, 1981.
A. JANIK et S. TOULMIN, *Wittgenstein, Freud et la modernité*, PUF, 1978.

## *II. Les ambitions cachées du Pr Freud*

Phyllis GROSSKURTH, *Freud, l'anneau secret*, PUF, 1995.
Sigmund FREUD et Sandor FERENCZI, *Correspondance 1 et 2*, Calmann-Lévy, 1992.
Sigmund FREUD et Karl ABRAHAM, *Correspondance*, Gallimard, 1969.
Sigmund FREUD et Stefan ZWEIG, *Correspondance*, Rivages, 1995.
Sigmund FREUD et Ludwig BINSWANGER, *Correspondance*, Calmann-Lévy, 1995.
E. James LIEBERMAN, *La Volonté en acte (Vie et œuvre d'Otto Rank)*, PUF 1996.
Paul ROAZEN, *Mes rencontres avec la famille Freud*, Seuil, 1996.

## *III. Sigmund contre les « barbares du dollar »*

Sigmund FREUD et William BULLITT, *Le Président T.W. Wilson*, Payot, 1990.
Paul ROAZEN, *La Pensée politique et sociale de Freud*, Complexe, 1976.
Theodor REIK, *Trente ans avec Freud*, Complexe, 1975.
Joseph WORTIS, *Mon analyse avec Freud*, Denoël, 1974.

## *IV. Le flirt de Jung avec le diable*

Carl Gustav JUNG, *Correspondance*, Albin Michel, 1992. *Ma vie*, Gallimard, 1966.
Robert MAGGIORI, *La Philosophie au jour le jour*, Flammarion, 1994.
Richard NOLL, *The Jung Cult*, Princeton University Press, 1994.
E. ROUDINESCO « Jung occulte un rêve de Freud », *Libération*, 19 sept. 1988.
Étienne PEROT, « Jung face au nazisme », revue *Psychologie*, déc. 1976.

## *V. Freud-Hitler : la haine de Vienne*

Vincent BROME, *Les Premiers Disciples de Freud*, PUF, 1978
Edmund ENGELMAN, *La Maison de Freud*, Seuil, 1979.
Hilda DOOLITTLE, *Tribute to Freud*, La Différence, 1992
Thomas MANN, *Les Exigences du jour*, Grasset, 1976.
Claudio MAGRIS, *Danube*, Gallimard, 1986.
Ray PETITFRÈRE, *Pas à pas avec Hitler*, Presses de la Cité, 1973.
Jean BERRANGER, *Histoire de l'Empire des Habsbourg*, Fayard, 1990.

## *VI. Sexe, amour et chuchotements d'alcôve*

Martin FREUD, *Freud mon père*, Denoël, 1975.
Peter GAY, *En lisant Freud*, PUF, 1995. « Sigmund and Minna », *New York Times Book*, janv. 1989.
Detlef BERTHELSEN, *La Famille Freud au jour le jour*, PUF, 1991.
Peter SWALES, « Freud, Minna Bernays and the Conquest of Rome », *New American Review*, 1982.
John BILLINSKY, *Jung and Freud*, Andover Newton Quarterly, 1969.
Nadia NERI, *Oltre l'Ombra, Donne intorno a Jung*, Borla, 1995.
Aldo CAROTENUTO et Caro TROBETTA, *Sabina Spielrein entre Freud et Jung*, Éd. française de Marcel Guibal et Jacques Nobecourt, Aubier, 1981.
Anaïs NIN, *Journal*, Stock, 1969.
Oreste SAINT-DRÔME, *Comment choisir son psychanalyste*, Seuil, 1987.

## *VII. Marie Bonaparte, la princesse du divan*

Célia BERTIN, *La Dernière Bonaparte*, Perrin, 1982.
Marie BONAPARTE, *À la mémoire des disparus*, Imago Publishing, 1958. *La Sexualité de la femme*, PUF, 1967. *Cinq cahiers écrits par une petite fille*, Imago Publishing, 1953. *Monologues devant la vie et la mort*, PUF, 1951.
Jean-Pierre BOURGERON, *Marie Bonaparte et la psychanalyse (lettres à René Laforgue)*, éd. Champion-Slatkine, 1993.
Claude VANDERPOOTEN, *Samuel Pozzi*, In Fine, 1992.

## *VIII. Les foudres du Vatican*

Sigmund FREUD, *Malaise dans la civilisation*, PUF, 1971.
J.H. VANDERVELDT et R.P. ODENWALD, *Psychiatrie et Catholicisme*, Mame, 1954.
Marc ORAISON, *Tête dure*, Seuil, 1969.
P.J.R. DEMPSEY, *Freud, psychanalyse et catholicisme*, Cerf, 1958.
Grégoire LEMERCIER, *Dialogues avec le Christ*, introd. de Fr. Verny, Grasset, 1966.
Henri Fesquet, *Le Journal du Concile*, Éd. Robert Morel, 1966.
Mgr Felici, « Bulletin du clergé romain », *Le Monde*, 11 avril 1952.
« Allocution de Pie XII » (Congrès d'histopathologie), *Le Monde*, 18 sept. 1952.
« Discours de Pie XII » (Congrès de psychothérapie), *Doc. catholique*, 3 mai 1953.
Philippe JULIEN, revue *Christus*, n° 52, oct. 1966.
Bernard GUILLEMAIN, Maryse CHOISY, *L'Amoureuse Sagesse*, Camc/Hachette, 1959.

## *IX. Freud chez les Soviets*

Léon TROTSKI, *Ma vie*, Gallimard, 1973. *Littérature et révolution*, Union générale d'édition, 1964.
Joseph WORTIS, *La Psychiatrie soviétique*, PUF, 1953.
René ZAPATA, *Luttes philosophiques en URSS*, PUF, 1983.
F. CHAMPARNAUD, *Révolution et contre-révolution culturelle en URSS, de Lénine à Jdanov*, Anthropos, 1975.

Roï Medvedev, *Le Stalinisme*, Seuil, 1972.
Jean Marti, « La psychanalyse en Russie », *Critique* n° 346, mars 1976.
A.M. Costa, *La Psychologie soviétique*, Payot, 1972.
J.M. Palmier, *La Psychanalyse en URSS, Histoire de la psychanalyse*, Hachette, 1982.
Jean-Joseph Goux, *Freud et Marx*, Seuil, 1974.
*Psychanalyse et politique*, ouvrage collectif, Seuil, 1974.
Catherine Clément, Pierre Bruno, Lucien Sève, *Pour une critique marxiste de la théorie psychanalytique*, Éd. sociales, 1973.
V.N. Volochinov, *Le Freudisme*, L'Âge d'homme, 1980.
Dimitri Volgonov, *Le Vrai Lénine*, Robert Laffont, 1995.

## *X. Le mystère Lacan*

Élisabeth Roudinesco, *Jacques Lacan*, Fayard, 1993.
Catherine Clément, *Vies et légendes de Lacan*, Grasset, 1981.
Marcelle Marini, *Lacan*, Belfond, 1986.
M.P. de Cossé-Brissac, R. Dumas, F. Giroud... *Connaissez-vous Lacan ?* Seuil, 1992.
Jean-Guy Godin, *Jacques Lacan, 5, rue de Lille*, Seuil, 1990.
Pierre Rey, *Une saison avec Lacan*, Robert Laffont, 1989.
Marc Reisinger, *Lacan l'insondable*, Les Empêcheurs de penser en rond, 1991.
Joël Dor, *Introduction à la lecture de Lacan*, Denoël, 1992.
Bertrand Poirot-Delpech, interview de Lacan, *Le Monde*, 5 mai 1973.
André Green, « Le père omnipotent », propos recueillis par Catherine Clément, *Le Magazine littéraire*, nov. 93.
Claude Dorgueille, *La Seconde Mort de Jacques Lacan*, éd. par l'auteur, 1981.
Jean Allouch et Jean Anzieu, *Marguerite ou l'Aimée de Lacan*, EPEL (éd. et pub. de l'École lacanienne), 1994.
Benoît Jacquot, Télévision, émission sur Jacques Lacan, 1974.
François George, *L'effet 'yau de poêle*, Hachette, 1979.
Jean Allouch, *Cent trente-deux bons mots avec Jacques Lacan*, Erès, 1988.
Oreste Saint-Drôme, *Dictionnaire inespéré des 55 termes visités par Jacques Lacan*, Seuil, 1994.
Michel David, *Tintin à la lumière de Lacan*, La Méridienne, 1994.

## *XI. Ciné-psy : les coulisses de l'écran.*

Norbert H. ATTALI et coll., *Cinéma et flolie,* Ciba-Geigy, 1988.
Laurence PATON, « Le cinéma et la folie », *in La Folie,* Jean Thuillier, Bouquins, Robert Laffont, 1996.
Patrick LACOSTE, *L'Étrange Cas du Professeur M.*, Gallimard, 1990.
Jean-Paul SARTRE, *Le Scénario Freud,* préface de J.-B. Pontalis, Gallimard, 1984.
Simona ARGIENTIERI et Alvise SAPORI, *Freud a Hollywood,* Nuova Eri, Edizioni RAI, 1988.
Jean TULARD, *Guide des films,* Bouquins, Robert Laffont, 1990.
Claude PORCELL, *Fritz Lang,* Rivages-Cinéma, 1985.
Donald SPOTO, *Alfred Hitchcock, la face cachée d'un génie,* Albin Michel, 1989.
Donald SPOTO, *Marilyn Monroe, la biographie,* Presses de la Cité, 1993.
Robert BENYAOUN, *John Huston,* L'Herminier, 1985.
Giannalberto BENDAZZI, *Woody Allen,* L. Levy, 1987.
Gilles CÈBE, *Woody Allen,* H. Veyrier, 1984.
Eric LAX, *Woody Allen,* Julliard, 1992.
Woody ALLEN, *Opus 1 et 2,* Solar, 1979.
Slavoj ZIZEEK et coll., *Tout ce que vous avez toujours voulu savoir sur Lacan sans jamais oser le demander à Hitchcock,* Navarin, 1988.

# INDEX DES NOMS CITÉS

TABLE

DU MÊME AUTEUR

*L'État de santé,*
Buchet-Chastel, 1985

*Les Nouveaux Vieux,*
Le Pré-aux-Clercs, 1989

*Le Corps défendu,*
Jean-Claude Lattès, 1994.

*La Santé, des pieds à la tête,*
Hervas, 1996

*La composition de cet ouvrage*
*a été réalisée par Nord Compo,*
*l'impression et le brochage ont été effectués*
*sur presse Cameron dans les ateliers de*
**Bussière Camedan Imprimeries**
*à Saint-Amand-Montrond (Cher),*
*pour le compte des Éditions Albin Michel.*

*Achevé d'imprimer en octobre 1997.*
*N° d'édition : 16909. N° d'impression : 1/2749.*
*Dépôt légal : octobre 1997.*